Camino Rodríguez

EL ARTE DE REORIENTAR UNA CARRERA CON PROPÓSITO

MADRID | CIUDAD DE MÉXICO | BUENOS AIRES | BOGOTÁ
LONDRES | SHANGHÁI

Colección Acción Empresarial de LID Editorial
Editorial Almuzara S.L.
Parque Logístico de Córdoba, Ctra. Palma del Río, Km 4, Oficina 3
14005 Córdoba.
www.LIDeditorial.com
www.almuzaralibros.com

A member of:

businesspublishersroundtable.com

EAN-ISBN13: 978-84-10221-18-5
Directora editorial: Laura Madrigal
Editora de mesa: Paloma Albarracín
Corrección: Cristina Matallana
Maquetación: www.produccioneditorial.com
Diseño de portada: Juan Ramón Batista
Impresión: Cofás, S.A.
Depósito legal: CO-1017-2024

Impreso en España / Printed in Spain

Primera edición: junio de 2024

Te escuchamos. Escríbenos con tus sugerencias, dudas, errores que veas o lo que tú quieras. Te contestaremos, seguro: *info@lidbusinessmedia.com*

A mis hijos, Miguel Ángel e Iván,
por su amor y apoyo incondicional.

A mi madre, mi gran maestra de vida,
por su sabiduría y fortaleza.

Y a todos aquellos que me quieren,
que son muchos, y a quienes les debo
una devoción eterna.

¡Gracias por iluminar mi camino!

ÍNDICE

NOTA DEL EDITOR

Presidí durante unos años la Asociación Española de Empresas de Consultoría, AEC, la patronal que representa a las grandes consultoras, empresas cuyo único patrimonio es el talento de las personas que las integran. Fue una experiencia muy gratificante y enriquecedora de la que guardo un excelente y cariñoso recuerdo. Fue entonces cuando conocí a Camino Rodríguez, una persona inteligente, amable, comprometida y que, con su sonrisa y sus maneras de hacer, lograba crear un excelente ambiente colaborativo a su alrededor. Fue todo un placer haber podido contar con ella en la directiva que rigió los destinos de la Asociación por aquel entonces. Le perdí la pista (que no el recuerdo) durante años. Una tarde, recibí una inesperada llamada de un número que no reconocía. La atendí, lo que no siempre hago. «Soy Camino Rodríguez, ¿me recuerdas?». «Pues, claro, ¡qué alegría! ¿Cómo te va la vida?». Y fue entonces cuando me puso al día de su devenir profesional. Inesperadamente despedida, había reorientado su vida como *coach*, estaba feliz y había escrito un libro en el que plasmaba su experiencia y conocimiento. De inmediato le manifesté mi interés por su publicación. Le pedí que me enviara el manuscrito. Lo leí al instante para descubrir cuánta sabiduría atesoraban sus líneas y a cuántas personas les podía resultar de ayuda y utilidad. E, inmediatamente, nos pusimos manos a la obra. Hoy, con el libro ya impreso entre sus manos, bien que podrá comprobarlo y disfrutarlo.

Camino sabe que es el tema. El gran tema. Coincido plenamente con ella. España, un país de *babyboomers*, se enfrenta a la realidad compleja de su vida laboral. A los cincuenta y sesenta nos encontramos en plenitud de facultades. No podemos, ni queremos, dejar de trabajar y de sentirnos útiles. O, también, y como muy bien nos descubre la autora, de encontrar otras vías, otros modelos, otras alternativas de desarrollo personal y profesional que nos aporten mayor felicidad y autorrealización. Y... ¿por qué no? Son (somos) millones de personas los que nos encontramos en esa situación. Si nos despiden, ¿tenemos en verdad opción de una nueva oportunidad o el tren ya pasó para siempre? Pues sea optimista. Camino no solo nos responde que sí, que todos podemos reencontrar nuestra senda tras un despido, sino que, además, nos muestra cómo lograrlo. A lo largo de sus capítulos aprendemos, con el ejemplo de otros, cómo podemos ayudarnos a nosotros mismos. Se trata de casos reales que ella conoció de primera mano y que, en la mayoría de las ocasiones, trató profesionalmente. Despidos sorpresivos, prejubilaciones no deseadas, reestructuraciones, pérdidas de ilusión y energía, necesidad de cambio, inquietudes y búsquedas no satisfechas, entre otras situaciones que nos resultan muy cercanas e inspiradoras, se abordan con acierto, mesura y sabiduría, partiendo de la base de que cada persona es distinta, como lo son sus motivaciones, temores y talentos. Y aprendemos que, en la mayoría de los casos, el norte para reorientar la vida profesional se encuentra en nuestro interior, agazapado y oculto. Por eso, en estas situaciones, es siempre recomendable el apoyo de un profesional, como es el caso exitoso de Camino.

Por coherencia, narra su propio caso, su propia experiencia, lo que le otorga una gran autoridad y credibilidad. También ella supo de fatigas, de afanes, de éxito, de incompletitud, de zozobra. Y, tras su despido, el reencuentro consigo misma, con lo que le gustaba, con su *ikigai*. Supo trazar su ruta vital, se formó con los mejores en la materia a la que quería consagrarse hasta convertirse en *coach* especializada en orientación de carreras profesionales. Ella lo vivió en primera persona y consiguió hacer su sueño realidad: ayudar a personas *senior* a encontrar nuevos enfoques y alternativas para su vida laboral... y personal, pues lo uno es indisociable de lo otro.

Su lectura, enriquecedora y apasionante, logra atraparte como si de una novela adictiva se tratara. De hecho, consigue lo que toda buena literatura aspira, que sientas que el libro habla de ti, de tus inquietudes, temores y esperanzas. Te involucras en el avance de sus páginas, identificándote en muchos de los casos sabiamente expuestos y que, como bien sabemos, pueden pasar a cualquiera en cualquier momento.

Gracias, Camino, por confiar en nosotros para la publicación de tu obra, extraordinariamente oportuna, que a tantos puede acompañar y ayudar. Y creo, lector, que estarás de acuerdo conmigo: este libro brilla e ilumina la siempre incierta y apasionante novela de nuestras vidas.

Manuel Pimentel Siles
Editor de AlmuzaraLibros

INTRODUCCIÓN
No haréis leña de mí

Era una tarde de otoño. La calle estaba llena de hojas, esas que los árboles dejan caer cuando cambia la estación porque ya no le sirven. Las ramas paran de inyectar savia, la hoja se seca y cae en silencio. Sin más.

Esa fue la misma sensación que tuve al salir del restaurante, tras una comida con mi jefe. Se había desplazado desde Barcelona para mantener una conversación conmigo.

—Quiero que hagamos balance de estos últimos tres años —me había dicho el día anterior por teléfono—. Como sabes, con la nueva adquisición en Alemania, tenemos que hacer cambios. Y hay que valorar la mejor estrategia para la compañía en esta nueva etapa.

Me pasé la noche anterior pensando en esa «mejor estrategia». Antes del amanecer ya disponía de un completo informe con todas las propuestas que deseaba presentarle durante aquella comida.

Quizás podía haber intuido que ese plural mayestático no significaba necesariamente «pensar juntos», pero ese proyecto me ilusionaba sobremanera: habían sido años muy intensos, dándolo todo, jugando en primera, con excelentes resultados, aunque a esas alturas ya tenía edad para saber de sobra que eso no supone ninguna garantía de futuro.

Recuerdo que me había puesto un vestido gris que me favorecía mucho. Mirándome al espejo, nadie diría que me había pasado la noche en vela preparando aquella reunión. ¡Estaba deslumbrante! A mis 48 otoños, me sentía una mujer fuerte y confiada.

Al bajarme del taxi y entrar en el restaurante, estreché la mano de mi jefe con fuerza y le di un beso en la mejilla. Pero él no se mostró tan cercano y hablador como siempre y, casi de inmediato, me señaló la mesa, instándome a tomar asiento.

«¡Cuánto estrés sufre este hombre! —pensé—. Estos últimos meses están siendo una dura prueba. Y él está en primera línea de fuego».

La comida se nos pasó en un suspiro, repasando cifras de negocio, anécdotas con clientes, amenazas que se cernían en el horizonte y reflexiones sobre las distintas oportunidades que se oteaban, así como la necesidad de cazarlas al vuelo...

Sin embargo, con la llegada de los postres, mi jefe cambió el tono y ejecutó un discurso que se notaba que llevaba perfectamente ensayado. El amargor del café se me antojaba dulce en comparación con los pensamientos que me generaba escuchar aquellas palabras que no dejaban de brotar de su boca.

Primero, asombro. Después, incredulidad, negación, *shock*, ansiedad, enfado... Y, por último, tras convencerme a mí misma de que aquello realmente estaba ocurriendo, la urgente necesidad de reenfocar toda aquella absurda situación.

Debía renegociar mi permanencia en la empresa a toda costa.

«Esto no me puede estar pasando a mí —pensaba—. No es justo, no es el momento, no es razonable... ¡Ni siquiera es conveniente para la compañía!».

Y, desde luego, no me convenía a mí...

Cuando te despiden, cuando alguien decide que ya se ha cumplido tu ciclo productivo en la empresa, a menudo ni siquiera lo ves venir.

Siempre es triste, como el otoño. Sientes que no te toca, que has trabajado priorizando los intereses de la empresa, sacrificando tu ocio y tu tiempo de calidad con tus hijos o con tu pareja; con tu familia...

Entonces llega la pregunta del millón: «¿POR QUÉ?». Y, aunque tu jefe se deshace en halagos sobre todo lo que has aportado, cuán importante has sido en tu área y lo mucho que te agradece tus servicios y logros, nunca hay un argumento que te deje satisfecho.

Pasas los siguientes días dando vueltas y más vueltas: buscando cuál habrá sido el verdadero motivo del despido. Resulta que todas las causas que se nos ocurren son siempre exógenas, como si quisiéramos proteger nuestro corazón herido buscando algo o, sobre todo, a alguien que se convierta en el verdugo de esa injusta situación.

En ese momento, yo no sabía todo lo que he logrado aprender con posterioridad a lo largo de estos años, pero ya tenía claro que nadie iba a venir a salvarme de mi estado emocional. Y también fui muy consciente, desde el minuto uno, de que, cuanto más breve fuera el duelo, antes me pondría a barrer las hojas secas que cubrían la acera en aquella fría tarde de octubre.

En ese momento decidí que nadie iba a hacer leña del árbol caído, ¡por lo menos del mío!

—¡Nadie va a hacer leña de mí! —me prometí.

1
EL INICIO DEL VIAJE

La oportunidad de un despido

Javier llevaba más de treinta años dándolo todo por su empresa. Y, cuando digo todo, me refiero a una entrega absoluta. Era uno de los socios más reputados de un reconocido bufete internacional de abogados en España.

Al terminar su carrera universitaria lo reclutaron por su brillante expediente académico y por su vocación por el derecho mercantil. Era hijo de madre italiana y padre alemán, lo que le había permitido hablar ambos idiomas con fluidez. No sé si fue por vivir en ese entorno multicultural, pero con el tiempo se especializó en derecho internacional, y eso le llevó a viajar por distintos países acompañando a sus clientes. Tuvo una carrera profesional rápida y brillante. Solo tenía 54 años cuando le recordaron que, según los estatutos de la sociedad, debía dejar su amado puesto en el despacho.

—Estimado Javier, el bufete agradece tus servicios, has cumplido con creces tu misión, pero ha llegado el momento de dejar paso a las siguientes generaciones —le dijo el responsable de recursos humanos (RR. HH.) con cara de circunstancias.

Cuando me entreviste con él por primera vez, estaba desolado. Su sensación de desarraigo y desorientación era indescriptible. Se sentía en el mejor momento de su carrera y lo obligaban a retirarse.

Por más que fuera pactada, aquella decisión le sabía a despido y dejaba un vacío enorme en su vida. Su profesión lo había sido todo. Tantos años perteneciendo a la misma compañía habían solapado a la persona con el personaje, así que tuvimos que dejar pasar las primeras semanas de *shock* antes de ponernos a trabajar en su programa de reorientación de carrera.

Al arrancar solemos dedicar tiempo a profundizar en el autoconocimiento. Es un primer paso imprescindible para entender cómo orientar un proceso de transición profesional. Eso implica indagar sobre los sueños, valores, habilidades e intereses, tanto en el trabajo como en la vida del candidato.

—Busquemos tu *ikigai* —le propuse.

—*Iki*... ¿qué? —me preguntó él con cara de sorpresa.

—En 2016, Héctor López y Francesc Miralles escribieron un libro que emocionó a un cuarto de millón de lectores en el que desvelaban al mundo el secreto japonés para una vida larga y feliz. Los habitantes de Okinawa, la localidad en la que se concentra la mayor cantidad de centenarios del mundo, lo llaman *ikigai*, que podría traducirse como «razón de ser» —le expliqué yo—. Tu *ikigai* es sencillamente la manera en la que mejor puedes ayudar a otras personas, basándote en lo que te hace especial, aquello por lo que brillas, y que te permite gozar de una vida con plenitud; ese propósito que hace que una vida tenga sentido y que responda a tus verdaderos talentos.

—Pues en mi caso es muy fácil, Camino —replicó resignado—: mi *ikigai* es ejercer como abogado. Es lo que me gusta, en lo que soy bueno y lo que he hecho bien toda mi vida. Además, aunque quisiera, ¿qué otra cosa podría hacer a estas alturas? Ya no tengo oportunidad de cambiar de oficio.

Javier no solamente estaba orgulloso de su pasado; también se negaba a internarse en cualquier otro sendero que le resultará desconocido. Para él, su diagnóstico estaba claro...

—Gracias, Camino, pero no necesito ayuda para orientar mi carrera; solo necesito que me ayudes a encontrar un nuevo trabajo.

A pesar de toda su experiencia, en lo más íntimo de su ser, Javier notaba perfectamente cómo el suelo se movía bajo sus pies. Por primera vez en mucho tiempo, no era él quien aconsejaba a sus clientes sobre las cláusulas que había que modificar en un contrato o sobre los riesgos que debían mitigar... En aquella ocasión, aunque no lo verbalizara, se sentía inseguro y entendía que debía aceptar un acompañamiento que le ayudara a transitar con éxito esa nueva etapa.

Y así, trabajando con él, fue como supe que a Javier le encantaba la música clásica, que había viajado por todo el planeta en su afán por escuchar en directo algunas de las sinfónicas más relevantes del mundo. Ese culto a la música le fascinaba y le inspiraba. En las siguientes sesiones, evaluamos roles que pudieran combinar su experiencia en derecho internacional —su profesión— con su afición a la música clásica —su pasión—.

El resultado del programa de reorientación de carrera permitió que Javier encontrara una oportunidad como asesor legal y fiscal en una fundación que asiste legalmente a las filarmónicas más prestigiosas del mundo, asesorándolas en todos los trámites para la contratación de conciertos sinfónicos en distintos países. De no haberse atrevido a explorar, Javier nunca se habría planteado combinar ambos mundos. Ni en sus mejores sueños se le habría ocurrido que podría llegar a existir una faceta del derecho que le enamorara más que la que estuvo ejerciendo durante más de tres décadas.

Gracias a su osadía —trabajando en su nueva etapa de una manera consciente y proactiva—, obtuvo una recompensa incluso mayor, tanto a nivel emocional como profesional, de la que venía percibiendo en su anterior etapa en el bufete.

Profesionales con fecha de caducidad

Si recuerdo a Javier con tanto cariño es porque su caso representa a la perfección el principal objetivo de un programa de reorientación de carrera: sacar a la luz lo mejor de cada persona poniendo en valor sus dones y talentos innatos para encontrar un nuevo reto que encaje (o supere incluso) sus expectativas.

Cuando mis clientes me contactan por primera vez, a menudo lo hacen en estado de *shock*: víctimas de una experiencia traumática. Por regla general, acaban de ser despedidos y con frecuencia se hacen la misma pregunta: «¿Cómo me puede haber ocurrido algo así?».

Tanto si ha sido una sorpresa como si es algo que veías venir, se trata de un momento cargado de emociones intensas porque se cierra un capítulo significativo en tu vida laboral y se abre un período de cambios e incertidumbres. Pero hay que tener en cuenta que ese momento es también el inicio del éxito de tu viaje si dedicas un tiempo de calidad a fijar el destino, trazar la ruta y armar la construcción de tu marca profesional en el proceso de transición. A pesar de ser un momento difícil, está en tu mano la imagen que dejarás; tú eliges si quieres ser una víctima o afrontas la situación de frente y coges las riendas desde el principio.

Lidia, otra de mis clientas, trabajaba en el 40.º piso de una compañía del sector energético en un moderno rascacielos en Madrid. Una mañana el director de RR. HH, Ramón, un ejecutivo de mediana edad recientemente incorporado en la empresa, la citó en su despacho.

Con sus elegantes 55 años, Lidia tenía una presencia afable y refinada. Su imagen, una combinación perfecta de profesionalidad y competencia, hablaba de las dos décadas que había dedicado a la empresa. Se sentía segura, le avalaba su carrera de ingeniero y una dilatada trayectoria de experiencias y logros. Pero mientras se acercaba al despacho de Ramón, sentía una leve sombra de inquietud en su interior, quizás debido a los recientes acontecimientos.

Al entrar, Ramón le tendió la mano con una contenida sonrisa y le ofreció asiento. Las ventanas acristaladas de la oficina permitían una bonita visión de la ciudad bañada por los destellos del sol de la mañana. Él, con su traje bien cortado y su postura recta, representaba la nueva dirección que la relevante compañía del sector energético estaba tomando.

Una vez sentados frente a frente, con la vista de la ciudad de Madrid sirviendo como telón de fondo, Ramón hizo una profunda respiración y le dijo: «Lidia, te he llamado porque hemos decidido prescindir de tus servicios. Estamos renovando la plantilla. Quiero agradecerte los veinte años que has dedicado a esta compañía, tu implicación y entrega, pero la empresa ha decidido crear un centro de servicios compartidos para toda la corporación en Londres y lamentablemente vamos a cerrar tu departamento en España».

El rostro de Lidia se tornó pálido. La sorpresa e incredulidad aparecieron en sus ojos: «¿Estás hablando en serio, Ramón? ¿Después de todo lo que he dado y aportado a esta empresa?». Apenas podía articular palabra; su voz denotaba *shock*.

Ramón, manteniendo su postura y mirada, le respondió: «La decisión ya está tomada, Lidia».

Lidia, tratando de controlar su creciente emoción, comenzó a enumerar sus logros: «He sacrificado tanto... mis hijos, mi familia. Todo por estar siempre aquí... Gracias a mi contribución la compañía es hoy lo que es... ¿Cómo me podéis hacer esto después de veinte años y a mi edad? ¿Por qué yo? ¿Y por qué ahora?».

Intentando suavizar la situación, Ramón le dijo: «Valoramos enormemente tus años de servicio y todo lo que has hecho por nosotros. Esta decisión no refleja tu dedicación y esfuerzo».

Las emociones superaban a Lidia. Sus ojos se llenaban de lágrimas mientras decía: «Pero seguro que hay algo más que se puede hacer. Dadme otro rol, otras funciones... sé que todavía puedo aportar mucho valor con mi experiencia...».

Ramón le respondió con firmeza, pero con comprensión: «Lidia, la decisión está tomada».

Enfurecida, Lidia elevó la voz: «¡Esto es injusto! ¡Hay personas en esta empresa que no aportan ni la mitad de lo que yo he dado! ¡Y mi jefe...!». Sus palabras se perdieron entonces entre acusaciones y resentimientos del pasado.

El ambiente se tensó aún más cuando Lidia, tratando de jugar sus últimas cartas, le dijo: «No lo entiendo, Ramón. Después de todos estos años, esperaba más consideración de tu parte. Te he apoyado en el Comité de dirección cuando lo has necesitado. ¿De verdad no hay nada que tú puedas hacer?».

Ramón, con una mirada de sufrimiento y simpatía, le respondió: «Ofreceré todas las referencias que necesites y cuenta con todo el apoyo que consideres por mi parte en tu búsqueda de empleo. Siempre estaremos agradecidos contigo».

Lidia me contó que la escena concluyó cuando dio un portazo mientras decía «eso no me sirve de nada». Dejó el despacho atrás, rota por el dolor de la inesperada noticia. Mientras, la vida en la corporación seguía inmutable ante lo que acababa de suceder. «Nadie es imprescindible, ya ves», me dijo decepcionada.

Después de numerosas experiencias conociendo notificaciones de despido a directivos, hay algunos comportamientos habituales que debes evitar y algunas estrategias para manejarte con dignidad y resiliencia en ese crucial momento.

Qué hacer y qué no hacer si te despiden

Despido es una palabra que genera un torrente de emociones incluso antes de que suceda. Cuando finalmente llega, suele ir seguido de una avalancha de sentimientos contradictorios: miedo, incertidumbre, enojo y tristeza. Pero, por difícil que parezca, un despido puede ser el catalizador para una nueva y mejor etapa en nuestra vida profesional.

Aprovecho los casos anteriores para compartir seis recomendaciones sobre lo que no debes hacer cuando te notifican un despido. Son reacciones frecuentes en las que a menudo incurrimos, de manera natural, sin darnos cuenta de que no van a beneficiarnos en el futuro:

1. **Evita la confrontación.** Abstente de iniciar una discusión sobre tu desempeño y tus contribuciones a la empresa. Este no es el momento para defender ni justificar tu historial y además es muy probable que no tenga relación directa con tu salida.

2. **No trates de negociar alternativas.** Ahora no es el momento para proponer otros roles o traslados: la decisión ya está tomada

3. **Mantén la calma.** No entres en pánico ni te dejes llevar por tus emociones; mantener una postura defensiva o agresiva no te beneficiará y puede dañar gravemente tu imagen.

4. **Deja el pasado atrás.** No traigas a colación agravios o problemas pasados; no están relacionados con la situación actual ni aportan nada constructivo.

5. **Evita las críticas despechadas.** No hagas comentarios de los que puedas arrepentirte después sobre la empresa, tu jefe o cualquier colaborador. Buscar culpables no cambiará la situación y te dejará en un mal lugar.

6. **Mantén una relación profesional y distante.** No intentes manipular la situación utilizando la confianza o la capacidad de influencia que puedas tener con la persona de RR. HH. que te comunica el despido. En la mayoría de los casos no está involucrada en la decisión ni tiene poder para cambiar las cosas. Lo único que conseguirás es generar una situación incómoda y comprometida.

Realmente es toda una experiencia si uno se ha encontrado en esa situación, y a menudo lo que no debes hacer cuando te notifican un despido es lo primero que se te pasa por la cabeza. No te culpes por eso, no nos han enseñado cómo gestionar una situación así con las emociones a flor de piel.

¿Te gustaría saber lo que SÍ debes hacer el día del despido para hacer más eficiente tu recolocación?

En momentos como ese, a pesar de las circunstancias, el objetivo es que el proceso se desarrolle de la manera más positiva posible para ambas partes, pero sobre todo para ti.

Aquí está tu guía para manejarte con eficiencia en esa crucial conversación:

1. **Escucha con atención.** Tomar notas te ayudará a concentrarte y al mismo tiempo te permitirá controlar tus emociones.

2. **Muestra serenidad y respeto.** Aunque sientas que la situación es injusta, mantén la calma y la cortesía, recordando que las referencias futuras pueden provenir de tu actual empresa.

3. **Pon atención a los detalles.** Revisa con detenimiento los documentos que te presenten y que la carta de despido detalla las causas y la fecha de efecto.

4. **Firma con prudencia.** En este día solo necesitas firmar la carta de comunicación del despido. Si necesitas más tiempo para

evaluar, puedes firmar como «recibido, no conforme». Cuando te den el finiquito y los términos del despido, puedes consultar con un experto, si lo ves oportuno, para verificar que todo está correcto y evaluar si hay algún aspecto que te interesa negociar.

5. **Facilita una salida amigable.** Siempre que sea posible, puedes ofrecerte para hacer una buena transición. Es mejor salir con elegancia y colaborar hasta que se produzca el reemplazo.

6. **Solicita soporte en la búsqueda de empleo.** Sobre todo, en el caso de los directivos *senior*, plantea si la empresa puede asistirte contratando un programa de *outplacement* que te facilite el aprendizaje para hacer más eficiente el proceso de recolocación en el mercado laboral.

7. **Pide referencias.** No olvides solicitar testimonios y cartas de recomendación de compañeros y jefes en el momento oportuno.

A pesar de las emociones que puedas sentir, es fundamental mantener la calma y el respeto hacia todos en la empresa. Tu comportamiento en estos últimos momentos puede tener un efecto duradero en tu reputación profesional.

Agradece a tus colegas y superiores las oportunidades y experiencias que compartiste, los aprendizajes y momentos valiosos durante tu trabajo allí. Quédate con lo positivo.

Y, si la empresa no te acompaña en la salida, no te *automediques*. Piensa que esa situación, bien gestionada, puede llegar a ser una verdadera oportunidad profesional.

No emprendas el viaje solo; busca un *coach* de reorientación de carreras que te pueda ayudar.

No emprendas el viaje solo; busca un *coach* de reorientación de carreras que te pueda ayudar, un aliado que te oriente guiándote con su experiencia hacia las oportunidades más adecuadas para ti en función de tu propósito y que te ayude a hacer más eficiente y corto el proceso de recolocación en una actividad sostenible que te haga feliz.

Cómo superar el duelo

Soy capaz de empatizar con estas situaciones porque, como ya te he contado, yo también pasé por esa experiencia, y sé que durante los días posteriores eres incapaz de reconocer la situación que estás viviendo.

El proceso de perder un empleo puede compararse con un período de duelo, una situación que cada profesional experimenta con distinta intensidad en función de cómo vive la separación laboral.

El pasado verano, un ejecutivo con años de dedicación y compromiso en su empresa me llamó y me contó que había recibido una notificación de despido por un canal que yo no había conocido hasta ahora en el ámbito laboral. Mientras disfrutaba en la playa de sus vacaciones, recibió un mensaje de WhatsApp. Al abrirlo, esperando tal vez una fotografía o un meme divertido de un colega, se encontró con un texto frío y directo de la dirección de RR. HH. notificándole que estaba despedido.

Al inicio, la incredulidad se apoderó de él. ¿Era esto una broma de mal gusto? ¿Cómo podía ser que un mensaje tan crítico y relevante fuera comunicado a través de una plataforma tan informal? No le venía a la cabeza ninguna acción que hubiera podido desencadenar un resultado tan drástico. Pasaron minutos que parecieron horas mientras asimilaba la información repasando el mensaje una y otra vez.

La incredulidad pronto dio paso a la rabia y la indignación. El hecho de que la empresa no hubiera tenido la consideración de comunicarlo en persona, o al menos a través de un medio más formal, lo llenó de desazón. Se sintió desvalorizado, como si los años de esfuerzo y dedicación hubieran sido reducidos a un simple chat.

Más allá de la reflexión de que la dignidad y el respeto deben prevalecer sobre la conveniencia digital, es un hecho que, en función de cómo se haya producido la comunicación de la desvinculación laboral, la evolución emocional tras el despedido puede ser diferente.

Al principio cuesta asimilar la información que has recibido. Le das mil vueltas a todos los detalles del *momento* y puedes llegar a pensar que es una situación temporal o incluso un error y la empresa te llamará uno de estos días disculpándose y rogando que te reincorpores. «¿Qué van a hacer sin ti?».

Es frecuente querer seguir en contacto con las personas que están dentro de la empresa, así como querer disponer de información del día a día y, sobre todo, de los *trastornos* que ha provocado tu marcha.

¡Desapégate cuanto antes! ¡Suelta y confía! ¡Todo eso forma parte ya de tu pasado!

Tómate unos días para tomar tierra; tendrás que salir de tu zona de confort. Necesitas pensar con objetividad y frialdad sobre tu nueva situación.

Quizás te suene familiar la curva de Kübler-Ross. La traigo aquí para que veas que las distintas fases que transitas cuando se produce ese trance son frecuentes y normales en un proceso de gestión de ruptura y cambio:

Gráfico 1.1 La curva del cambio de Kübler-Ross

- **Fase 1.** *Shock* **y negación.** Durante esta etapa eres incapaz de reconocer la situación que estás viviendo. No asimilas la información que has recibido. Se manifiesta con pensamientos como: «Esto no me puede estar pasando a mí».

- **Fase 2. Frustración y tristeza.** La ira surge ante el sentimiento de que se han traspasado límites y emerge una sensación de injusticia: «Alguien ha tomado una decisión por mí en algo tan relevante en mi vida como es el trabajo».

- **Fase 3. Aceptación y exploración.** Esta etapa llega cuando empiezas a reconocer de forma sincera la situación, levantas la vista y miras hacia adelante. Ya sabes que tienes que ponerte en marcha, aunque no sabes qué hacer ni por dónde empezar. Es una etapa donde inicias la búsqueda activa de soluciones: nuevos empleos o emprendimiento.

- **Fase 4. Esperanza y renovación.** Por fin una nueva energía emerge, te liberas del pasado y se vislumbran nuevas oportunidades. Adoptas una perspectiva optimista hacia el futuro, abordando la necesidad de reciclarte o reinventarte.

El proceso posterior a un despido es un período de adaptación en el que debemos despedirnos no solo de un empleo, sino de una rutina, de colegas y, en ocasiones, de una parte de nuestra identidad. Es natural atravesar las fases descritas de negación, ira, negociación, tristeza y, finalmente, aceptación. Cada una es un paso necesario para sanar y prepararse para lo que viene.

No obstante, tras el ocaso de una experiencia laboral, siempre surge el amanecer de nuevas oportunidades. El despido puede abrir puertas que ni siquiera sabíamos que existían, como le pasó felizmente a Javier. Nos brinda la ocasión de reevaluar nuestras pasiones, habilidades y metas. Tal vez sea el momento para cambiar de industria, adquirir nuevas habilidades o incluso emprender ese proyecto con el que siempre habíamos soñado.

La vida tiene una manera peculiar de señalar rutas inesperadas. Y, aunque un despido pueda parecer el final del camino, en muchas ocasiones es solo una curva que nos redirige hacia un destino más gratificante.

No subestimes el poder de la resiliencia y el autodescubrimiento porque, incluso en medio del duelo posdespido, hay una oportunidad brillante esperando ser descubierta. Mantén la esperanza porque después de la tempestad siempre llega la calma.

El peso del silencio

———

Reconocer que un despido es solamente un capítulo en tu carrera y no la historia de tu vida profesional te ayudará a abordar el futuro con una perspectiva más positiva y resiliente. Sentir vergüenza tras un despido por el «qué dirán» puede ser una reacción natural en algunas personas; incluso vivir una decepción intensa, especialmente en el caso de profesionales *senior* con años de trayectoria en una misma empresa.

Sin embargo, resulta esencial entender que un despido no es un reflejo directo de tu valor como profesional ni como persona. En un mundo empresarial en constante cambio, las decisiones de reestructuración o reorganización estratégica pueden afectar incluso a los más experimentados y competentes. Lo que hay que recordar es que tu valía no se define por una única decisión o situación. En vez de permitir que la culpa te consuma, es más productivo enfocarte en tus logros, habilidades y el valor que has aportado y que aún puedes ofrecer.

Déjame compartir contigo un ejemplo real de otro de mis clientes para ilustrar este mensaje. Carlos había disfrutado de una brillante trayectoria profesional en una reconocida multinacional líder en el sector de la electrónica de consumo con sede en París. Durante años, había sido la columna vertebral de proyectos ambiciosos y decisiones estratégicas de la empresa en el ámbito internacional, pero la vida personal de Carlos sufrió un duro golpe cuando perdió a su primera esposa: ese capítulo de su vida le pasó factura. Sin embargo, poco tiempo después, la vida, maestra de las segundas oportunidades, le presentó a Ana María, una mujer bastante más joven, hija de una conocida familia española, nacida bajo el sol cantábrico de Santander. A pesar de la diferencia de edad, conectaron de manera profunda y genuina. No mucho tiempo después, se encontraron celebrando el nacimiento de sus hijos gemelos, una nueva razón por la que Carlos volvió a sentirse un hombre pleno y feliz.

Ana María, a pesar de la alegría que los niños generaban en sus vidas, sentía la tristeza de criarlos sola porque Carlos seguía residiendo y trabajando en París, lo que le obligaba a ausentarse todas las semanas de lunes a jueves. Ambos añoraban la convivencia en familia y disfrutar de un hogar más estable y tradicional. La apuesta de Ana María había sido grande. Dejó Santander y todo su entorno social y familiar para trasladarse con Carlos, pero él estaba poco tiempo en Madrid y a ella esta situación no le parecía sostenible en el tiempo, así que, al cumplir los niños tres años, Ana María enfrentó a Carlos a un ultimátum que no esperaba.

A la vista de la situación, Carlos tuvo poco que pensar, planteó en su compañía la necesidad de trasladar su puesto de trabajo a España por motivos familiares. Como era de esperar, su jefe no estaba de acuerdo, pero los años de lealtad de Carlos en la empresa pesaron en la decisión y le otorgaron su deseo de trasladarse a Madrid. Desde una perspectiva profesional, aquella decisión no fue positiva. La realidad del mercado español era muy diferente y, aunque su talento era indiscutible, no tenían un espacio real para él en el ámbito local ni la cuenta de resultados podía absorber el coste de un ejecutivo de su estatura.

La inevitable noticia llegó seis meses después: Carlos estaba despedido. La vergüenza y la sorpresa lo envolvieron. Aterrorizado por lo que pensarían los demás y temiendo el juicio de su familia y de sus amigos, decidió guardar su secreto.

En lugar de compartir la noticia, cada día se sumergía en una farsa, manteniendo la rutina para no levantar sospechas. Pero cada tarde, mientras los niños jugaban, la realidad y la angustia golpeaban su corazón.

La depresión y la impotencia le fueron consumiendo. Los días se volvieron semanas, y las semanas, meses. Cada día que pasaba, la verdad se volvía un fardo aún más pesado y la pregunta «¿por qué no lo contaste antes?», retumbaba en su mente.

Y así conocí yo a Carlos. El orgullo y el miedo le llevaron a aislarse de aquellos que más lo podían apoyar. La presión de mantener una imagen y no enfrentarse a la realidad por vergüenza le privaron de la oportunidad de recibir apoyo, consejo y comprensión de las personas que más lo amaban. A cambio, aquella situación le generó ansiedad, estrés y un profundo sentimiento de frustración y soledad.

Las adversidades, aunque dolorosas, pueden ser una puerta a nuevas oportunidades si se abordan con sinceridad y valentía. Guardar un secreto, especialmente uno que afecta a nuestra vida de manera tan significativa, solo lleva a un ciclo de angustia y aislamiento.

Si alguna vez te encuentras en una situación similar a la de Carlos, no debes sentir miedo. El verdadero valor radica en ser honesto contigo mismo y con los demás y en buscar la luz al final del túnel. La vulnerabilidad no es una debilidad, sino un paso hacia la verdadera fortaleza y la recuperación.

Por eso, cuando se produce un despido, es crucial saberlo comunicar adecuadamente. A continuación, comparto algunas recomendaciones para abordar esas delicadas conversaciones con tu red de apoyo: familiares, amigos y entornos cercanos.

- **Comunica sin demora.** Aunque no sea fácil, debes compartir la noticia desde el primer momento con tu familia. Busca un momento tranquilo y un lugar cómodo para hablar. Evita interrupciones o distracciones que puedan generar más tensión.

Con tu pareja, una buena opción es comunicar el tema fuera de casa, lo ayuda a neutralizar las primeras reacciones. Para el resto de la familia trata de hacer una comunicación prudente, positiva, acorde con la edad de cada uno y sin caer en planteamientos alarmistas. En el caso de los amigos más cercanos, es posible que al principio no sientas la energía o las ganas para hablar en persona con cada uno. Mandar un mensaje corto y sincero es también totalmente aceptable. Una vez que el impacto inicial haya desaparecido y te sientas más tranquilo y preparado, es el momento para comunicarlo al resto de tu círculo de confianza. No es recomendable ocultar la noticia socialmente durante mucho tiempo.

- **Sé transparente.** Procura ser claro y honesto sobre las circunstancias de tu despido, evitando entrar en detalles negativos o en historias de culpables.

- **Procura mantener las emociones bajo control.** Es natural sentirse vulnerable o emocionado, pero intenta mantenerte calmado y centrado para transmitir la información de la manera más objetiva posible.

- **Reafirma tu compromiso.** Transmite tranquilidad, haz saber a tus seres queridos que tomarás medidas para tu recolocación profesional y que tienes un plan en marcha.

- **Mantén una escucha activa.** Es probable que surjan preocupaciones o preguntas. Escucha con atención, valida sus emociones y sé receptivo a sus sugerencias.

- **Conserva una perspectiva positiva.** No pierdas de vista que, aunque el primer impacto sea un golpe, se trata de una oportunidad para reinventarte profesionalmente y explorar nuevas posibilidades.

- **No olvides las actualizaciones.** Mientras avanzas en tu proceso de búsqueda de empleo, mantén informada a tu red de apoyo sobre tus avances y logros y créate tu propio plan de educación y reciclaje.

La comunicación no debe hacerse desde una posición de víctima, pero tampoco desde un rol demasiado relajado como si no pasara nada o tirando de la ironía. No sobreactúes; es mejor abordar la situación con naturalidad y autenticidad.

Enfrentarse a los desafíos con sinceridad no solo alivia el alma, sino que también abre puertas a oportunidades insospechadas.

Cuando llega la oportunidad...

Nuestro trabajo previo deberá ser precisamente ese: que te pille en un momento de forma óptimo. Cualquier situación de transición laboral supone afrontar nuevos retos y, al mismo tiempo, es una oportunidad única para crecer y evolucionar, tanto personal como profesionalmente. En esta tesitura, encontrar a alguien que te acompañe a entrenar —como si fueras un atleta de alto rendimiento— es uno de los regalos más maravillosos que te puede hacer la vida.

¿Por qué? Porque necesitas destacar entre los mejores. Y, si encuentras un buen *coach* de orientación de carrera, además de descubrir tus habilidades y cualidades innatas, te garantizo que serás feliz y atraerás el éxito de manera natural.

¿Por qué? Porque, si haces lo que te gusta, destacarás. Esa es mi promesa de transformación para ti. Y, con ese único objetivo, me he propuesto que te lleves, a lo largo de estas páginas, todas las herramientas necesarias para que surja en ti esa transformación.

¿En qué me baso para prometerte esto? En la garantía que me proporcionan los centenares de casos de éxito con otros profesionales *senior* que han abordado antes que tú la aventura de reinsertarse satisfactoriamente en el mercado laboral. Mi experiencia me dice que, independientemente de nuestra edad —pero sobre todo a partir de los cincuenta—, es mucho más inteligente sentirnos útiles y motivados, ilusionados por vivir nuevas experiencias y seguir aportando valor en nuevos proyectos, que asumir con resignación el envejecimiento laboral. Sin embargo, la tan anhelada recolocación no llegará o no será tan plena si antes no estamos dispuestos a realizar un trabajo previo. Y, sobre todo, si no disponemos de la mentalidad adecuada para esta nueva travesía. Y no me refiero solo a unos retoques de chapa y pintura. Comenzar una nueva andadura profesional nos obliga a salir de nuestra zona de confort para atrevernos a construir una identidad más atractiva, basada en nuestros conocimientos y en las propuestas de valor diferenciadoras que nos hacen únicos.

¿Por qué en lugar de interpretar nuestra edad como un lastre, no la reinterpretamos como una oportunidad en términos de ventaja competitiva? A estas alturas, hemos tenido la oportunidad de aprender de infinidad de errores, tanto propios como ajenos, además de atesorar un sinfín de aciertos que amalgaman nuestra experiencia. ¡Y eso vale oro!

Es precisamente esta visión transversal que otorgan los años de aprendizaje lo que te convierte en un profesional capaz de anticipar el éxito, o de guiar las decisiones estratégicas de otros que estarían encantados de dejarse acompañar por ti. Con todo, hemos de ser honestos con nosotros mismos y no perder de vista que, *a priori*, no existe un mercado boyante en oportunidades laborales para profesionales en esa franja de edad. Por ello, la puesta en escena y la estrategia de búsqueda, unidas a la adquisición de una mentalidad adecuada, cobran especial relevancia. No te voy a decir que es imposible conseguir esto sin la ayuda de un *coach* experto en reinserción laboral, del mismo modo que no lo es recorrer la cordillera del Himalaya y coronar el monte Everest en soledad, pero también te diré, aunque te sorprenda, que sería más sencillo lo segundo que lo primero.

¿Crees que exagero? Te diré por qué no. Porque la senda hasta la cima del Everest, además de estar pautada y marcada por infinidad de escaladores, siempre es la misma para todos. Se calcula que son ochocientas las personas que la coronan cada año, más de dos por día. Imposible perderse porque, en el peor de los casos, siempre habrá alguien en algún punto de la senda a quien pedirle orientación y auxilio. Con todo, la mayoría de las personas que alcanzan la cumbre lo hacen en compañía de un *sherpa*.

Sin embargo, en tu caso concreto, tu Everest es único e intransferible: nadie puede escalarlo por ti. No existen rutas previas ni otros escaladores en los que apoyarse. Si careces de experiencia previa y no hay nadie más a tu alrededor que te pueda asesorar, ¿por qué empeñarte en transitar ese viaje por tu cuenta y riesgo cuando tienes la posibilidad de no hacerlo en soledad?

Buscar un *coach* profesional que entienda tu situación puede ser —y, de hecho, es— la diferencia sustancial entre quedarte a medio camino de la cima y coronarla con éxito.

¿Quién mejor que un *sherpa* con experiencia contrastada, que haya pasado por lo mismo que tú y sea capaz de empatizar contigo para proporcionarte «el equipo de escalada», inocularte la mentalidad adecuada y suministrarte las grandes dosis de compromiso, esfuerzo y de voluntad que necesitas para alcanzar tu meta?

Por eso la propuesta de valor de este libro verás que no pasa por restar importancia a tu nueva realidad. Tampoco tengo intención de pintarte una de color de rosa con unicornios pastando bajo el arcoíris. Mi objetivo es ayudar a que te adaptes a tus actuales circunstancias para trazar, a partir de ellas y con la mentalidad adecuada, una estrategia ganadora.

Y, con total sinceridad, te digo que creo que el viaje será muy parecido al que transité yo y tendrá un final feliz.

EJERCICIO
Capítulo 1

2
LA RIQUEZA
ERES TÚ

El futuro está dentro de ti

Todavía no había amanecido aquel martes del mes de enero, cuando me entró una llamada en el móvil. Se trataba de la responsable de RR. HH. de una gran compañía cotizada en España.

—Lo que te voy a decir —me dijo— va a pasar dentro de una hora. Pero me gustaría contar contigo, porque intuyo la reacción de nuestro director general.

Sonaba agitada, incómoda; pocas veces la había escuchado en ese estado, a pesar de que hacía años que nos conocíamos. A través del teléfono me llegaban oleadas de preocupación y miedo. Reconozco que, al mismo tiempo que me hizo sentir inquieta, también despertó en mí la curiosidad.

—Ayer tuvimos junta de accionistas —me siguió contando—. Como sabes, las dos últimas adquisiciones que hemos hecho en México y en Portugal no están dando los resultados esperados. Hay nervios y, después de muchos tira y afloja, ayer se decidió ejecutar la salida del director general.

No me lo podía creer. Esa persona era una institución en la compañía: debía llevar más de quince años a las riendas de aquella organización a la que había dirigido hacia su mayor etapa de esplendor y gloria, con crecimientos de doble dígito sostenidos durante casi una década.

—¿Lo sabe él? —fue lo primero que me vino a la cabeza.

—Sí —confirmó ella—. Se lo comunicaron anoche. Pero no será hasta esta misma mañana cuando se ratificará en una reunión extraordinaria del consejo.

—¿Y qué necesitáis de mí? —fue mi siguiente pregunta.

—Nos tememos que la reacción va a ser complicada —reconoció—. Como sabes, tanto emocional como profesionalmente, don Francisco está muy vinculado a esta organización. Y, más allá de las razones que hayan llevado a tomar esta decisión, queremos que goce del mejor acompañamiento profesional posible en su salida.

Yo conocía personalmente a don Francisco. Se trataba de una persona inteligente y de carácter que de joven se formó con los jesuitas y después estudió Ingeniería Aeronáutica en Madrid. Al terminar la universidad se fue a Inglaterra, donde cursó una extensa formación económica en la London Business School. Fue allí donde conoció a su esposa, Isabel, una mujer de origen filipino, elegante, cultivada y servicial, que siempre estuvo entregada a la familia y sus cuidados.

Amante de la tecnología y con gran carisma liderando equipos, su excelente visión estratégica le ayudó a crecer dentro de la compañía en la que llevaba más de una década ejerciendo, desde una posición de gestión de las operaciones hasta la actual dirección general.

Era de esas personas que consideraban que su trabajo era su vida, y así lo había demostrado en numerosas ocasiones. Era conocida su permanente disponibilidad y su implicación abrazando causas sociales y favoreciendo iniciativas de inclusión. Su generosidad la llevaba a gala, siempre presente en la organización de causas benéficas, «aunque para su familia desafortunadamente no había tenido ocasión de contar con tanto tiempo como le habría gustado». Estas fueron las palabras exactas que empleó en una entrevista que concedió a una prestigiosa revista económica, en la que había salido en portada como directivo del año.

Eso sí, sus seis hijos habían recibido la mejor educación en las mejores universidades y empezaban a despuntar en sus proyectos. Se sentía un padre orgulloso y aunque no los acompañara muy de cerca, se consolaba pensando que siempre había estado ahí para lo que pudieran necesitar. Eso le ayudaba a sentirse bien consigo mismo.

Entre sus aficiones estaba el golf, le apasionaba la lectura y era un fiel seguidor del Real Madrid. Acudía al campo siempre que tenía ocasión y disfrutaba invitando a los clientes a ver los partidos desde el palco VIP que tenía abonados su compañía.

Me quedé un rato tratando de imaginarme qué podía estar pasando por la cabeza de don Francisco. O, mejor dicho, por la cabeza de Paco. Porque, en ese traumático momento, junto con su posición y las prebendas asociadas al cargo, tenía que despedirse de su personaje contra su voluntad para volver desnudo a su esencia.

Nada más colgar la llamada, la melódica voz de Lolita Flores invadió mi mente. Aunque puede parecer cruel, es inútil tratar de evitarlo, la vida te coloca en tu sitio, como en el estribillo de la conocida canción *Sarandonga*:

«Cuando yo tenía dinero, me llamaban don Tomás;
ahora que ya no lo tengo, me llaman Tomás, no más».

El mapa y la brújula

En las primeras sesiones del programa, después de una desvinculación laboral, mi cliente vuelve de unas semanas de descanso que le sirven para desconectar y descansar físicamente.

Se ha tomado un tiempo para respirar y calmar sus encontrados sentimientos iniciales. Ha estado reflexionando sobre la siguiente etapa, así como acerca de los roles que podría desempeñar. Pero aún continúa muy perdido en lo que respecta a cómo abordar el proceso y a la viabilidad de sus planteamientos. Y por supuesto, no suele haberse planteado, si ese nuevo objetivo coincide con su «propósito de vida».

En los mejores casos, junto con el finiquito, la empresa ofrece al profesional un programa de *outplacement* que le ayude a entender cómo hacer más eficiente el proceso de búsqueda de empleo. Y eso tiene mucho valor: le enseñan a construir un CV y revisan su perfil de LinkedIn y le hacen recomendaciones sobre cómo potenciar la red de contactos o cómo armar un mensaje de posicionamiento. Pero antes de aprender a pescar, tendrás que entender si lo que quieres son peces; o, dicho de otro modo: si no sabes a dónde quieres llegar, qué sentido tiene que te den un par de deportivas para ponerte a correr.

Antes de lanzarte a la búsqueda de un nuevo trabajo, es esencial que te detengas a reflexionar sobre temas como: ¿qué actividades profesionales te gustaría desempeñar? ¿Cuáles son tus fortalezas, tus verdaderas pasiones y habilidades? Esta introspección no solo te brinda claridad sobre lo que deseas, sino que también te permite armar una estrategia de posicionamiento sólida y eficaz. De esta manera, te aseguras no solamente encontrar un trabajo, sino el trabajo adecuado que se alinee con tus objetivos y aspiraciones.

Para dar el siguiente paso, es vital reflexionar sin limitaciones: ¿qué te motivó en trabajos anteriores? ¿Qué no te gustó? Este es el momento perfecto para reevaluar tu camino profesional y decidir si deseas continuar en la misma dirección o tomar una ruta diferente.

Y, aunque el despido pueda haber sacudido los cimientos de tu identidad profesional, atrévete a hacerte una pregunta crucial: ¿te dejas llevar por la inercia y buscas el mismo tipo de trabajo que tenía hasta ahora o es el momento de explorar nuevas alternativas?

Un proceso de transición puede suponer una gran oportunidad para pararse a pensar en el nivel de responsabilidad que estás dispuesto a asumir en tu próximo futuro.

No te autolimites; amplía y explora diversas opciones en profundidad, valora nuevas posibilidades basadas en tus talentos que te ofrezcan un mejor y más satisfactorio equilibrio entre tu vida personal y profesional a medio-largo plazo. ¡Atrévete!

Mi recomendación es que enfoques este momento como una oportunidad para revisar tu carrera profesional, y así:

- Lograr un nivel más alto de satisfacción con tu trabajo.

- Integrarte en una nueva organización con valores compatibles con los tuyos.

- Definir una sólida hoja de ruta que te guíe hacia la consecución de metas más atractivas a 3-5 años.

- Aumentar tus ingresos potenciales considerando qué desarrollo formativo necesitas para diferenciarte y destacar en tu profesión y sector.

- Aprender a gestionar mejor tu actividad para conseguir más de lo que quieres y menos de lo que no quieres en tu vida profesional futura.

Revisar lo que es importante para ti y lo que realmente quieres hacer te permitirá identificar roles, empresas o emprendimientos, donde podrás desarrollar tus habilidades y hacer contribuciones valiosas y recompensadas desde la consciencia y el control de tu propio destino.

A la hora de proponer un cambio, no te autolimites por viejos prejuicios. A menudo tenemos interiorizadas barreras que nos parecen infranqueables e inamovibles y que nos mantienen atrapados en el marco de nuestras creencias.

Centrar el próximo objetivo profesional también ayuda a dar dirección a la gestión de la búsqueda, permite aclarar conceptos para uno mismo y facilita después la comunicación a los demás de lo que se está buscando.

En definitiva, trata de abrir la ventana de la mente y deja fluir nuevos pensamientos libres de carga; será tiempo bien empleado siempre que tus nuevos objetivos sean asumibles y realistas.

Si realmente quieres explorar nuevas opciones, si sientes que necesitas orientación, si quieres lograr cambios sostenibles, si necesitas crear nuevos hábitos que te lleven a distintos destinos, considera la oportunidad de trabajar con un *coach* que favorezca tu motivación y crecimiento personal y profesional.

¡Explora, descubre y avanza con confianza hacia tu siguiente etapa profesional!

Y, una vez que tengas claridad sobre tus deseos, desarrolla una estrategia de posicionamiento y lánzate a la búsqueda con dedicación y compromiso.

El *kintsugi*

Pasaron quince días hasta que don Francisco y yo tuvimos nuestro primer encuentro. Me recibió, junto con la responsable de RR. HH., en un despacho que tenía signos evidentes de estar en pleno proceso de mudanza. Los papeles se amontonaban por todas partes, tenía cajas con libros en el suelo y bastante desorden en general. Percibí que se sentía impaciente y con poco (o nulo) interés sobre el contenido de mi visita.

Ese primer encuentro no fue muy largo, estaba en pleno duelo. Me comentó que había decidido irse de crucero con su esposa durante tres semanas para descansar y meditar sobre lo ocurrido.

—Mi futuro en este momento no me genera ningún interés —me espetó medio de soslayo.

El resto te lo puedes imaginar: que estaba perfectamente, que le habían apuñalado, pero que se iban a arrepentir, que la compañía sufriría una crisis de confianza en los mercados, que los mejores clientes con gran probabilidad se echarían en brazos de la competencia, que bajaría el precio de las acciones en bolsa...

En nuestro segundo encuentro, sin embargo, las cosas fueron ya muy distintas. Nos citamos en la cafetería de un lujoso hotel en el centro de Madrid. El cambio en él era evidente, se hallaba en plena fase de aceptación. Se mostró más receptivo a hablar del futuro, así como de posibles proyectos profesionales para la siguiente etapa. Repasamos algunas opciones plausibles, como su presencia en algunos consejos y su participación en incubadoras y plataformas de inversión como *business angel* y en algunas operaciones estratégicas de compra e integración de empresas del sector de la mano de fondos de capital riesgo y otros temas de su interés.

No obstante, y a pesar de lo animado de la conversación, su mirada estaba triste. No había ni rastro de la raza ni la energía del personaje que había sido. Quise indagar más acerca de su estado de ánimo y le pregunté sobre sus hábitos durante aquella etapa: si hacía ejercicio, si cuidaba su alimentación, si dormía bien... y ahí fue cuando entramos en el núcleo del volcán:

- Paco ya no tenía chofer.

- Ya no le iban a esperar en el aeropuerto o en el AVE.

- Ya no tenía un palco VIP en el Santiago Bernabéu.

- Ya no lo invitaban a las reuniones de los Círculos de Economía y tampoco a los eventos de los CEO de empresas cotizadas en el Ibex.

- Ya no salía dando su opinión en los medios de comunicación.

- Ya no le consultaban los políticos...

Había perdido la capacidad de influencia, entre otras muchas cosas extremadamente relevantes para él, que tenía ese personaje llamado don Francisco. Y, aunque aquella rabia inicial ya había pasado, le invadían una profunda tristeza y un gran vacío emocional por el agravio que experimentaba en lo más hondo de su ser.

No fue hasta la cuarta sesión cuando comenzamos a recomponer los trozos del jarrón roto:

- La vergüenza por el qué dirán.

- La humillación por tener que poner en valor su trayectoria y sus logros.

- Las incómodas objeciones sobre su «capacidad de vuelo» derivadas del edadismo.

- La necesidad de mantener su estatus social.

- El interés por minimizar el impacto en su familia.

- La obsesión por no perder el prestigio de su marca profesional.

Me vino a la memoria el *kintsugi*, una técnica centenaria japonesa que consiste en reparar las piezas de una cerámica rota utilizando polvo de oro o plata para resaltar las líneas de rotura, otorgando así un carácter único y de mayor valor a la pieza reparada.

Cada uno de estos temas era un capítulo en sí mismo —y créeme si te digo que daría para un libro monográfico—, así que, como si se tratase de recomponer esa preciada cerámica, fuimos armando pieza a pieza para poder reconstruirlo en toda su dimensión.

De dentro hacia afuera

Todos tenemos sueños, soñamos con alcanzar alguna meta, mejorar la salud, vivir alguna experiencia interesante, tener ciertos bienes materiales... Pero a menudo olvidamos preguntarnos: ¿para qué estamos persiguiendo ese sueño?

En el capítulo anterior ya hablamos de la importancia de tener un propósito, de conocer tu *ikigai*, lo que te ayuda a entender para qué haces lo que haces. Comprender eso te proporciona una motivación interna y duradera, te otorga claridad en tu hoja de ruta. Quien consigue encontrar su propósito encuentra la razón para hacer las cosas y actuar. Ese tipo de motivación es capaz de mantenerte en el camino para conseguir tus objetivos.

El neurocientífico Ken Mogi explica en su libro *Essential Ikigai* cómo la percepción cognitiva y profunda de las emociones favorece la búsqueda de tu *ikigai*. Si encuentras satisfacción y placer en tu actividad profesional, estarás siendo coherente con tu propósito vital. La teoría es que, si podemos ganarnos la vida haciendo lo que nos gusta, vamos a realizar nuestras actividades con mayor satisfacción, atención y eficiencia. Por eso, si estás en un momento de cambio y sientes la necesidad de validar tu esencia, te animo a tener una conversación honesta contigo mismo/a y darte la oportunidad de profundizar en tu autoconocimiento.

Existen varias técnicas para encontrar tu *ikigai*. Te hablaré de algunas, pero te adelanto que todas coinciden en lo fundamental: has de buscar en tu interior. Por eso, cuando inicio a un programa de reorientación profesional con un cliente, lo primero que hacemos es dedicar un tiempo de calidad a revisar sus hábitos, sus valores, sus fortalezas, sus rasgos de personalidad y también sus creencias y *stoppers*. En definitiva, averiguamos cómo viene programado de serie, su estructura y sus cimientos.

Para encontrar tu verdadera razón de vivir, te sugiero poner atención a cinco sencillos pasos que te voy a detallar. No pases sobre esto de puntillas. Mi recomendación es que lo trabajes e interiorices porque pueden cambiar tu vida. Créeme, son realmente muy poderosos.

Paso 1. Empieza en pequeño

Vivimos en una sociedad que estimula a las personas a comprar y consumir bienes, aunque no sean necesarios. Tal como lo define el sociólogo polaco Zygmunt Bauman, nos obsesionamos con el consumismo y queremos tener, tener, tener...

Deseamos acumular mucho dinero, gozar de reconocimiento profesional, disfrutar de un cuerpo en forma, desarrollar una carrera exitosa, tener una familia feliz, poseer una casa maravillosa, un coche estupendo... La lista parece interminable porque, cuanto más tenemos, más queremos tener. Cada vez deseamos cosas que parecen más y más inalcanzables, y el mero sentimiento de anhelarlas nos genera ansiedad y frustración.

En lugar de eso, te propongo que apliques el concepto de avanzar con *baby steps*, pequeños pasitos que hacen que una persona día a día y con perseverancia consiga su objetivo. Intenta empezar por poner atención en pequeñas cosas que deseas cambiar. Elige un área de tu vida que consideres que necesita mayor atención hoy y mira cómo puedes mejorarla, aunque sea solo un poco. Por ejemplo, si consideras que la puntualidad no es tu mayor virtud y te parece importante transformar eso, asume un compromiso contigo mismo/a para encontrar una solución a ese tema. Ponte alarmas con margen para llegar antes a las citas, organiza tu agenda dejando mayor espacio entre reuniones o calcula los tiempos de desplazamiento, por ejemplo.

Cualquier nuevo objetivo, por grande o pequeño que sea, empieza a construirlo con pequeños pasos, pequeñas acciones cada día, pero de manera constante. Aquello en lo que te enfocas y pones tu atención se expande. Por eso, algo que parece pequeño hoy puede suponer una transformación significativa mañana. Los cimientos para una vida más consciente y más plena.

Paso 2. Libérate de lo que no es tuyo

El segundo paso es liberarte de las viejas creencias que condicionan tus capacidades para alcanzar lo que realmente deseas encontrar en tu futuro. ¿De verdad piensas que necesitas un cuerpo estupendo, una casa grande o un buen coche para sentirte más feliz? Estos pensamientos, ¿surgen de tu interior o están influidos por el entorno, los condicionamientos sociales, tus amigos, la familia, etc.?

En la sociedad de la información en la que vivimos, cuesta desapegarse de la influencia de los medios de comunicación. Recibimos un impacto publicitario cada 10 segundos, lo que equivale a seis mil impactos diarios. Por si fuera poco, además seguimos a decenas de *influencers* en todos los ámbitos de nuestra vida. Así que, a menudo, las necesidades que crees tener pueden no ser genuinamente tus deseos, sino ideas que has interiorizado fruto de los condicionantes externos de tu entorno. ¿Y sabes lo que significa eso? Que cuando consigas realizar los deseos de esa lista, seguirás sin encontrar la tan ansiada felicidad. Intenta liberarte de ideas preconcebidas, reflexiona cuidadosamente poniendo el foco en ti mismo/a y decide lo que quieres hacer y a lo que realmente deseas dedicar el tiempo en tu vida. Eso te dará satisfacción.

Paso 3. Descubre tu esencia

No sirve de nada encontrar un nuevo trabajo si no trae armonía a tu vida y no es sostenible a largo plazo. Por eso, ahora que tienes la oportunidad de escoger hacia dónde deseas reenfocar tu trayectoria profesional, te aconsejo que no tomes una decisión basada en pensamientos preconcebidos.

Suelo escuchar con mucha frecuencia esta frase en las primeras reuniones con mis clientes: «Voy a buscar trabajo de responsable de tal o en el sector cual, porque he preguntado y me dicen que actualmente hay demanda».

¡Gran error!

Necesitas reflexionar con cierta perspectiva, desde tus emociones, para descubrir las raíces. Sé que puede sonar un poco condescendiente esto que te voy a decir, pero plantéatelo así, por favor: estar sin trabajo te ofrece una oportunidad increíble para reorientar tu trayectoria empleando tu esencia como brújula.

Te voy a proponer que dejes ahora la lectura y hagas un ejercicio que reconozco que me apasiona proponer a mis clientes. Gracias a él he asistido —y sigo atestiguando— en incontables ocasiones al surgimiento de su *ikigai*. Puede parecer casi milagroso, pero lo cierto es que se basa en cuatro preguntas muy sencillas y al tiempo muy poderosas:

1. ¿Qué es lo que amas hacer? Escribe el tipo de actividades que hacen latir tu corazón. No sobrepienses; elige basándote en tu primera reacción instintiva.

2. ¿En qué eres bueno/a? Considera cuáles son tus talentos, tus fortalezas, tus habilidades, eso que se te da bien de manera natural e instintiva, y escríbelo.

3. ¿Qué necesita el mundo de ti? Piensa en qué acciones aportas valor a los demás, solucionas un problema o cubres una necesidad real.

4. ¿Por qué actividad podrían pagarte? Pregúntate qué es aquello que sabes hacer por lo que puedes recibir una compensación económica, esa actividad que te permite monetizar y vivir.

Si consigues encontrar una actividad profesional que reúna las respuestas a estas cuatro preguntas, habrás identificado las raíces de tu auténtico talento, es decir: aquello en lo que eres bueno, te da placer, cubre una necesidad real y te permite recibir una compensación económica a cambio, eso debe ser tu propósito.

Recuerda que nada atrae tanto el éxito como la persona que trabaja en algo que le gusta. Cuando alguien hace lo que ama, le brillan los ojos, suele estar de buen humor, la vida le sonríe, es afortunado, pleno, y se siente lleno de energía y alegría. Cuando llevas a cabo un trabajo basado en tu talento, te sientes feliz porque estás poniendo tus dones al servicio de los demás.

Paso 4. Disfruta del viaje

No condiciones tu felicidad a la consecución de una gran meta. Un error que muchas personas cometen al diseñar sus planes de vida es crear proyectos muy ambiciosos y condicionar su felicidad a poder cumplirlos. Por ejemplo, supongamos el caso de un cliente mío abogado cuyo gran objetivo vocacional era ser juez. Conseguir sacar la plaza era una tarea ardua que le llevó varios duros años de dedicación y esfuerzo. Si solo se hubiera permitido ser feliz cuando aprobó las oposiciones, habría estado hipotecando años de sacrificio a cambio de un único momento de alegría.

Y digo esto porque, poco después de conseguir ese hito, su alegría pasó y volvió a preocuparse por dónde conseguir una plaza. Esa fue su siguiente meta, a la que volvió a condicionar su felicidad. Como ves, ¡es un círculo infinito!

Hay una forma más inteligente de vivir la vida: aprende a alegrarte por las pequeñas cosas. Celebra cada vez que termines de estudiar un tema, alégrate cuando cometas un error porque te ayudará a superarte, alégrate incluso cuando observes que estás condicionando de nuevo tu felicidad por alcanzar una gran meta, porque te estarás convirtiendo en el observador observado, y eso te hará más sabio.

Nuestra vida no es como las películas: tiene muchos más momentos anodinos y cotidianos que grandes *highlights*. Si solamente te permites alegrarte cuando consigas grandes logros, te estarás condenando a una vida llena de insatisfacciones con unos pocos momentos fugaces de felicidad.

Paso 5. Céntrate en el aquí y en el ahora

Aprende a vivir en el momento presente, en el momento en el que lees este libro. ¿Estás disfrutando de la lectura o estás pensando que no eres una de esas personas afortunadas que ya tienen claro cuál es su gran razón para vivir, su propósito, su *ikigai*?

Muchas filosofías orientales advierten del riesgo de abandonar el ahora, de dejar de vivir en el momento presente, porque, cuando te centras en el deseo, estás en el futuro, y cuando pones el foco en lo que quieres mejorar, estás en el pasado. Pero, en cualquiera de los dos casos, estarás dejando de vivir el aquí y el ahora, y es así como abrimos las puertas a la insatisfacción y al sufrimiento.

Necesitamos trabajar el desapego tanto al deseo inalcanzable de querer tener más y más como al enganche emocional de aquello que influyó en tu vida. Deja ir tus pensamientos para poder disfrutar del momento presente.

Si no estás satisfecho/a con el ahora, siempre vas a sufrir por la carencia, pero si estás presente viviendo el momento por completo, no hay espacio para el *querer* o el *no querer*. ¡Estarás viviendo en plenitud!

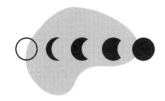

Trabaja para conocerte a ti mismo

Si conoces al autor Viktor Frankl, sabrás que, en su libro *El hombre en busca de sentido*, hay una frase que a mí personalmente me gusta mucho, dice que «no inventamos el sentido de nuestra vida, sino que lo descubrimos». ¡Por eso es tan importante que, cuanto antes y de forma consciente, iniciemos esa búsqueda!

Ponte a ello y descubrirás que está ligado con alguna actividad que aporte valor a los demás, que te comprometa con el resto del mundo y que te haga sentir útil. Sentirse necesario nos satisface y nos hace más felices. Nuestra vida se vuelve más plena y significativa. Así pues, trata de ser generoso y comparte tus habilidades y conocimientos, porque son las claves para encontrar un sentido a la vida, un propósito, tu PARA QUÉ.

Cuando trabajo con mis clientes, visualizamos por un momento que hemos llegado a ese punto en el que gozas de una gran motivación para levantarte de la cama todos los días, has encontrado una actividad que disfrutas, sientes que se te da bien, que el mundo necesita y que, además, puede proporcionarte a cambio suficiente dinero para vivir como deseas.

Y con esa visión en mente, le pregunto:

- ¿Cómo afectará esa nueva situación a tu calidad de vida?

- ¿Cómo influirá sobre tu entorno y en quienes te rodean?

- ¿Cómo será tu vida si desechas viejas creencias y te centras en dar pasos pequeños hacia tu nuevo objetivo?

- ¿Cómo cambiará tu día a día si decides poner tu alegría en los pequeños triunfos?

- ¿Cómo vivirás tus emociones si eres capaz de enfocar tu atención en el aquí y en el ahora?

Encontrar tu propósito es un paso esencial para definir esa nueva hoja de ruta que te permitirá reorientar tu carrera profesional, recolocarte e, incluso, si te atreves, hasta reinventarte para convertirte en una mejor versión de ti mismo.

Atrévete a reinventarte

Cuando cumplí los 48, a los ojos del mundo lo había hecho todo bien: tenía una buena formación académica, una brillante carrera profesional, una familia y unos hijos estupendos, una bonita casa en una lujosa urbanización en Madrid, un buen coche y un excelente sueldo trabajando por cuenta ajena. ¡El *pack* completo de una persona de éxito de la época!

Llegar ahí me había costado muchos años de esfuerzo y sacrificio. Había desarrollado gran parte de mi carrera en algunas compañías prestigiosas de consultoría y servicios profesionales a nivel mundial, organizaciones extraordinariamente exigentes que requerían una entrega incondicional tanto a nivel personal como profesional. No había término medio, las reglas eran claras: *up or out*.

Además, tengo que reconocer que, en aquella época, las mujeres no estábamos de moda. Éramos muy pocas las que progresábamos porque la conciliación requiere un equilibrio muy difícil de mantener. Era cierto que ganaba más dinero que muchos de mis amigos, pero viajaba continuamente y mis jornadas laborales eran interminables.

A mis hijos no los veía apenas durante la semana. Aquello me pasaba factura a nivel emocional.

—¡Creo que no soy una buena madre! —pensaba en más de una ocasión.

Disfrutaba de mi trabajo, me sentía orgullosa de los logros conseguidos, de todo lo que aprendía y de la experiencia que transmitía a las siguientes generaciones de profesionales jóvenes que trabajaban conmigo, pero, mientras soplaba mis 48 velas y pensaba un deseo que pedirle a la vida, me sorprendió descubrir que empezaba a sentir cansancio. Si era sincera conmigo misma, tenía que admitir que el trabajo ya no me resultaba tan atractivo. Pasaba el día apagando incendios. Y lo que antes me generaba adrenalina estaba empezando a suponer una pesada carga para mí.

Vivía instalada en el mañana, esperando que llegara el día en el que las cosas fueran más fáciles de gestionar, que no necesitara invertir esas jornadas maratonianas para llegar a todo, que mis hijos crecieran y fueran más autónomos y que mi libertad financiera fuera una realidad que me permitiera vivir sin sentirme condicionada por los compromisos económicos.

Aunque entonces no lo sabía, vivía desde el miedo, desde la sensación de carestía y escasez. Tenía una vida abundante en muchos sentidos, pero mi cerebro generaba pensamientos basados en patrones defensivos, y eso emocionalmente suponía un gran desgaste. Me sentía como el perfecto ejemplo de la persona atrapada en *la carrera de la rata* que preconiza Robert Kiyosaki.

Tengo que confesarte que, en aquel entonces, nunca me planteé emprender ni dejar de trabajar por cuenta ajena. Apenas disponía de tiempo para pensar y disfrutar de la vida más allá de mi trabajo. Tardé tiempo en entender que podía dedicarme a otra actividad en la que yo y solo yo fuera dueña de mi propio destino.

Pero la vida, en su inmensa sabiduría, genera señales para los que están atentos. A mi edad y, sobre todo, después aquel bendito despido, sentí la necesidad de reinventarme y construir una nueva identidad. Quería vivir desde el amor, disfrutar de la vida, ilusionarme por las mañanas; no me importaba trabajar lo que hiciera falta —amo trabajar—, pero había descubierto que había algo mucho más importante para mí que había pasado a ser prioritario en esta nueva etapa de mi vida: la libertad para ser yo quien gestionase mi TIEMPO.

Me embarqué en una transformación profesional y personal completa que me brindó la oportunidad de descubrir una mejor versión de mí misma. Empecé a recuperar el control de mi destino y de mi vida. Ya no dejaba que mi agenda la gestionaran otros ni que las prioridades las instaurasen los demás. Yo decidía con quién comía, si viajaba o no, si asistía a una reunión o si alargaba mi jornada laboral.

Invertí tiempo —mucho— en descubrir cuáles eran mis verdaderos talentos, esos que me hacen ser única y especial.

Me formé como *coach* ontológico en la Escuela Europea de *Coaching*, invertí en un máster de Desarrollo Personal, me certifiqué en metodologías de *outplacement* para acompañar a profesionales que estuvieran en transición de carrera y aprendí a evaluar las habilidades, las fortalezas y los patrones naturales de comportamiento de otras personas para ayudarles a tener éxito en el mundo de los negocios.

Fue un despertar, una gran revelación para mí. Encontré mi propósito, mi *ikigai*.

Tengo que reconocer que el viaje no fue fácil: prepararme y estar a la altura requirieron mucha perseverancia por mi parte, pero hoy me siento realizada y orgullosa de mi actividad profesional. Como *headhunter, disfruto* identificando y atrayendo el mejor talento para mis clientes y como *coach* soy feliz ayudando a otras personas en su crecimiento y evolución hacia su nuevo futuro profesional.

Sé muy bien que, en este momento de tu vida, sobre todo después de un despido, lo que menos quieres es que te hable del *ikigai* o de una *reinvención profesional*. Te entiendo y quiero que sepas que el propósito de este libro es y seguirá siendo acompañarte a que consigas tu siguiente ocupación profesional, y es posible que la opción continuista «encontrar un nuevo puesto de trabajo por cuenta ajena en un sector similar al que te has movido hasta ahora» sea probablemente la más rápida y factible, aunque que no te llene o no te deje del todo satisfecho (de momento).

Sin embargo, desde ya, te voy avanzando que también soy muy consciente de que, más tarde o más temprano, es muy probable que, a raíz del descubrimiento de tus talentos y de tu propósito, ese nuevo empleo comience a saberte a poco; que, en esa nueva posición en otra empresa, sientas que no se está aprovechando tu potencial al máximo. Te adelanto que es muy factible que te sientas infrautilizado o infravalorado. Puede pasar y puede que te pase. Lo sé porque he acompañado a decenas de profesionales que también se han sentido así —incluso, como ya sabes, yo misma pasé por ahí—, pero cuando estés preparado o te sientas listo, quiero que sepas que podemos trabajar en una siguiente fase que te lleve más allá de la mera *recolocación*.

Cuando ese sea tu caso —o, si con el tiempo llegase a serlo—, necesitas saber que es muy probable que, a continuación de esta, publique otra obra enfocada a cómo conseguir con éxito tu reinvención profesional en el mundo del emprendimiento—para que, de una vez por todas, pongas a trabajar tu don para ti y al servicio de los demás—, y así, de manera natural, lograr que consigas controlar tu destino y alcanzar esa libertad financiera que todos soñamos pensando en una jubilación plena y tranquila.

Pero, de momento, volvamos al aquí y al ahora...

EJERCICIO
Capítulo 2

3

PROYECTA TUS SUEÑOS

Lucha por lo que deseas

«En 1972, un comando compuesto por cuatro de los mejores hombres del ejército estadounidense fue encarcelado por un delito «que no habían cometido»: No tardaron en fugarse de la prisión en la que se encontraban recluidos. Hoy, buscados todavía por el Gobierno, sobreviven como soldados de fortuna. Si tiene usted algún problema y si los encuentra, quizás pueda contratarlos».

¿Te acuerdas?

En el mundo de las series televisivas, hay íconos que trascienden generaciones, y uno de esos es sin duda el legendario Equipo A. Este grupo de mercenarios con corazón de oro se ganó un lugar en nuestra memoria con su inquebrantable camaradería y su ingenio para salir de las situaciones más complicadas. Pero ¿qué tienen en común el carismático Hannibal y su equipo con un proceso de reinserción laboral?

¡Mucho más de lo que podrías imaginar!

Pensemos en tres A imprescindibles en la búsqueda de empleo: Autoconocimiento, Autoestima y Actitud. Estos son los componentes del Equipo A de cualquier buscador de empleo exitoso.

- **Autoconocimiento**: tu misión de reconocimiento. Como el Equipo A, hay que entender el terreno antes de lanzarse a la acción. Conocer tus habilidades, debilidades y pasiones es fundamental para encontrar tu lugar en el mercado laboral. ¿Eres un Murdock, impredecible y creativo, o eres más como Fénix, encantador y persuasivo? ¿Todo ímpetu y fuerza bruta, como M. A., o tiras de ingenio y sutileza, como Hannibal? Conocerte te permite elegir trabajos que realmente se alineen con tu perfil.

- **Autoestima**: el blindaje de la furgoneta. Si no crees en ti mismo, ¿quién lo hará? La confianza en tus habilidades y en lo que puedes aportar en tu nueva posición es como el plan de Hannibal: cuando todo parece ir en contra, es tu autoestima la que te dice: «¡Me encanta que los planes salgan bien!», y ese es el estímulo para seguir adelante.

- **Actitud**: el puro espíritu de M. A. No importa cuántas veces te encuentres con el temible «¡No te queremos en el equipo!»; tu actitud positiva y tu capacidad para levantarte y seguir buscando oportunidades es lo que te hace indestructible. La actitud es lo que convierte un rechazo en una lección y una entrevista en una oferta de empleo.

Así que, cuando estés preparando tu currículum o practicando para una entrevista, piensa en el Equipo A. Con Autoconocimiento, Autoestima y Actitud, ¡no hay misión laboral que se te resista!

Gráfico 3.1 El Equipo A de la búsqueda de empleo

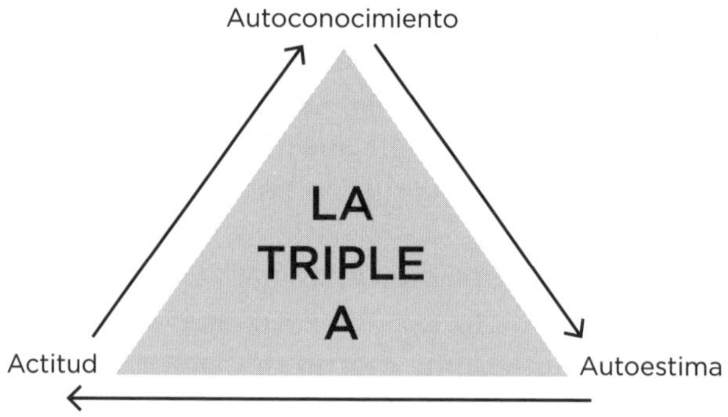

Mi recomendación en este punto es que busques un *coach* de orientación de carreras y tendrás el perfecto aliado para ayudarte a desarrollar... ¡tu propio Equipo A!

Huye de la zona de confort

La mayor parte de las veces avanzamos en la vida por inercia: porque sencillamente es lo que hemos venido haciendo hasta ahora. Pensamos que ese es nuestro propósito, nuestro destino, pero no es más que nuestra zona de confort. En ella nos sentimos fuertes, tenemos sensación de control. Es nuestro hábitat refugio. Por eso, la mente se encuentra cómoda ahí. Esa es la razón por la que le da tanta pereza plantearte abandonarla.

Seamos honestos: nadie desea abandonar su zona de confort. De hecho, sería hasta contraproducente. Habrás escuchado hasta la saciedad el mantra de que «hay que salir de la zona de confort». Pero como sé que es un reto, yo no te voy a plantear eso. En su lugar, te voy a proponer que la amplíes.

Estarás de acuerdo conmigo en que, si siempre haces lo mismo, no vas a crecer. La aversión al riesgo puede generar vidas aburridas y monótonas. Tan contraproducente como abandonar a la primera de cambio nuestra zona de confort es no eliminar las barreras que nos solemos poner para explorar nuevos territorios. La mente es prolífica generando excusas: me falta experiencia, es muy tarde para hacerlo, requiere mucho esfuerzo, no sé si seré capaz... Date, al menos, la oportunidad de plantear alternativas y de empujar los límites de tu zona de confort más allá de los conocidos hasta ahora.

En mi programa, invito a mis clientes a identificar tipos de actividades que reflejen sus intereses, pero que, al mismo tiempo, estén basados en su perfil natural de personalidad. Esto asegura que la dirección que escoges es buena para ti y estás cualificado para ella.

Buceando en tu historial profesional, tus logros y tus éxitos del pasado, siempre muestran perlas reveladoras que son excelentes puntos de partida. Aclara el papel que quieres tener y el nivel de responsabilidad que estás dispuesto a asumir, manteniendo un equilibrio que permita la conciliación entre la vida personal y la profesional.

Tal fue el caso de Alicia, una clienta mía, ejecutiva de 54 años, que trabajaba en una entidad financiera internacional muy prestigiosa desde hacía más de tres lustros. En nuestra primera sesión, le propuse llevar a cabo un ejercicio que suele resultar muy revelador.

—Imagina que tu profesión ya no existe —planteé— y que, con la llegada de la inteligencia artificial, tu trabajo de analista experta en mercados financieros lo realiza un roboadvisor, de manera que no te queda otra que dedicarte a algo totalmente diferente. ¿Qué te gustaría hacer? ¿Qué profesiones te han llamado siempre la atención, aunque no tengan nada que ver con lo que hayas hecho hasta ahora? No te preocupes por tu falta de experiencia o formación para ejercerlas; solo escoge cinco profesiones que te seduzcan.

Al principio ella no entendía muy bien aquel juego, de modo que insistí dándole algunas pistas.

—¿Te gustaría ser cantante, componer música, enseñar a cocinar, dar clases de yoga, tener un restaurante o un herbolario, ser abogada...?

Le propuse que escribiera las cinco profesiones que más le atrajesen y un párrafo explicando por qué escogería cada una. Escribir ayuda a hacer consciente lo inconsciente.

Se puso a la tarea y sorprendentemente seleccionó las siguientes profesiones alternativas:

- Ser asesora de inversiones para ayudar a las familias a organizar sus finanzas personales.

- Publicar contenido sobre análisis financiero y fórmulas de ahorro en medios digitales.

- Ser diseñadora de vestidos hechos con materiales textiles reciclados.
- Tener un herbolario y cultivar plantas medicinales.

Ella misma se sorprendió cuando hizo este ejercicio al descubrir que varias de las alternativas arrojaban un resultado completamente inesperado para ella. No encajaban con su perfil de ejecutiva de banco ni con la imagen que tenía de sí misma. No había caído en la cuenta conscientemente de lo importante que eran para ella la sostenibilidad y el reciclaje.

—Desde bien pequeña, yo no concibo malgastar los recursos de ningún tipo —reconoció con una sonrisa soñadora—. Guardo todo lo que encuentro para confeccionar después cosas creativas que regalo en las celebraciones.

Sus profesiones alternativas revelaban ingenio, creatividad y un compromiso inquebrantable con el medioambiente del que no era consciente hasta entonces.

—En cuanto dispongo de un rato o me siento estresada, busco unos trozos de tela, cuerdas, botones, latas o plásticos de colores y me pongo a coser —siguió confesando para su propia sorpresa—. Puedo hacer una lámpara, un bolso, una cartera o una funda para las gafas. Nunca hago dos cosas iguales porque nunca tengo los mismos materiales para reutilizar.

Contagiada por su entusiasmo, le propuse que dejásemos espacio a esa creatividad. Debíamos trabajar en una orientación de carrera que englobase aquella faceta suya tan singular. Alicia tenía dos titulaciones: Derecho y Económicas, que había estudiado para dedicarse a *cosas serias*. Y, al terminar, se había metido de lleno en la rueda del hámster. Se sentía estancada, insatisfecha y desanimada. No veía más salida que seguir manteniendo su trabajo nutricional. Se consideraba una excelente analista financiera, pero sus ascensos y reconocimientos no le compensaban. Sentía vergüenza de compartir esa faceta creativa suya con otros; por eso siempre la había mantenido en la intimidad a pesar de que le proporcionaba una enorme satisfacción.

Acordamos que dedicaría algún rato cada día a eso que tanto la relajaba y la ponía de buen humor. Ella, por su parte, se comprometió a compartir con su entorno de confianza su nuevo objetivo. La semana siguiente, una de sus amigas le propuso participar en unos talleres. A los pocos días, se ofreció voluntaria para impartir unas charlas sobre reciclaje en su distrito municipal. Y, aprovechando unos días de vacaciones, arregló con su marido un espacio del jardín donde empezó a plantar sus deseadas plantas aromáticas y medicinales.

Empezaba a sentirse ilusionada, llena de energía y de buen humor. En cuanto podía, se escapaba para dedicar tiempo a sus nuevas ocupaciones. Sin embargo, era consciente de que aquello no le iba a permitir sostener su economía.

—Me siento frustrada porque he visto las cosas que encajan realmente con mi felicidad, pero no puedo aspirar a considerarlas más allá de meras aficiones — confesó apesadumbrada.

Con todo, un par de años después y tras varios cursos de formación para reciclarse, Alicia gestionó con el banco su jubilación anticipada. Ya no trabaja ni vive en la *City* en Londres. Regresaron a España, se compraron una casa en el campo y, apoyándose en su vertiente emprendedora, ha montado una gestoría y ejerce como asesora teletrabajando para clientes desde su nueva casa. Ayuda a las familias de la zona a gestionar sus finanzas personales, las instruye para que aprendan a administrar sus recursos económicos, optimizando sus inversiones y facilitando el ahorro. Y sin olvidar otra de sus pasiones, también creó un *e-commerce* desde el que vende por internet plantas de su huerto, así de paso multiplica sus fuentes de ingresos.

A pesar de sus reticencias iniciales, y sin salir de su zona de confort, sino ampliándola, Alicia supo volcar todo su talento e instinto aprovechando sus recursos y dones innatos, a los que sumó su formación, su experiencia y un interés genuino por ayudar a las personas. Actualmente, Alicia y su marido tienen un precioso jardín con un huerto formidable y un espacio para sus creaciones de artesanía, pero lo más importante de todo es que, ahora sí, vive y disfruta del momento, consciente de que tiene por delante un futuro cargado de satisfacción con la promesa de momentos felices.

—Ahora creo que no hay nada imposible —me reveló la última vez que nos vimos.

El caso de Alicia no es excepcional ni exclusivo. Todos poseemos algún talento, habilidad o don especial, algo que hacemos mejor que ninguna otra persona. Con frecuencia, ni siquiera nos damos cuenta de su existencia porque es tan natural que forma parte de nuestra personalidad. Tendemos a creer que, puesto que para nosotros es una tarea fácil, los demás no van a darle valor; que, si nuestro trabajo no conlleva un gran esfuerzo y sacrificio, no merecemos que nos lo compensen económicamente. Pero suele ser lo contrario, créeme: lo que haces con una habilidad instintiva e innata será lo que mayor remuneración te proporcione.

La dimensión del autoconocimiento

Como ya hemos dicho, a medida que avanzamos en nuestra carrera profesional, y especialmente cuando superamos los cincuenta años, es crucial comprender la importancia del autoconocimiento para mejorar nuestro posicionamiento en un mercado laboral tan competitivo para el talento *senior* hoy en día.

El autoconocimiento es el proceso de entender quiénes somos como individuos. Al aplicar esta comprensión en nuestra búsqueda de empleo, nos vamos a sentir más seguros cuando tengamos delante a un empleador potencial porque lidiaremos desde nuestra autenticidad, con confianza, lo que sin duda aumentará nuestras posibilidades de éxito.

¿Qué implica profundizar en el autoconocimiento?

- **Identificar las fortalezas.** Debemos aflorar lo que llevamos incorporado en la *mochila* fruto de una dilatada trayectoria profesional. Te hablo de elementos como la experiencia laboral acumulada a lo largo de los años, habilidades técnicas o de liderazgo, capacidad de gestión de equipos o de resolución de problemas, etc. Al resaltar estas destrezas en nuestro currículum y en las entrevistas, con logros concretos que las avalan, nos diferenciamos de otros candidatos y mostramos el valor único que podemos aportar a una organización.

- **Mejorar el posicionamiento.** Al reconocer nuestros talentos, podemos enfocar la búsqueda de empleo en roles y organizaciones que se alineen con nuestros puntos fuertes. Esto aumentará las posibilidades de obtener un empleo satisfactorio y duradero, ya que estaremos desempeñando tareas que se ajusten a nuestro perfil y que nos permiten destacar.

- **Ganar confianza.** Sabernos competentes y reconocer en qué somos buenos nos brinda una mayor confianza en nosotros mismos y en nuestras capacidades. Nos sentiremos más seguros al presentarnos ante los empleadores, lo que puede influir positivamente en las entrevistas y también en las negociaciones salariales.

En conclusión, el autoconocimiento es una herramienta que empodera; por eso siempre recomiendo dedicar un tiempo generoso a esta tarea al inicio de un programa de reorientación y búsqueda de empleo. Te animo a profundizar más allá de las capas que ya conoces para descubrir todo tu potencial.

Después de muchos años trabajando con decenas de profesionales durante sus respectivos procesos de actualización y recolocación laboral, me sigo llevando sorpresas muy agradables, como me pasó con el caso de Alicia y con el siguiente caso que te voy a relatar.

Hace unos años coincidí con el CEO de una compañía de servicios profesionales en un evento del sector tecnológico. Se trataba de una de esas ocasiones especiales en las que los directivos nos reuníamos para compartir información sobre la estrategia y las tendencias del sector en el futuro. A mí, personalmente, me encantaba asistir porque, como ya sabes, la tecnología es mi nicho y mi pasión.

En esa ocasión, David —el protagonista de esta historia—se sentó a mi lado durante la comida y, como suele pasar en esos entornos, establecimos un diálogo sobre lo que hacíamos; también compartimos nuestras respectivas visiones sobre el futuro y las tendencias del sector. Recuerdo que le felicité por el espectacular crecimiento que estaba experimentando su compañía. En esa época destacaba por el desarrollo de proyectos de alta complejidad en el mundo de la ciberseguridad.

David estaba orgulloso de sus logros y de su equipo. Me contó cómo crecía su facturación dos dígitos anualmente y cómo competían con compañías mucho más grandes que la suya.

—Como David contra Goliat —me dijo guiñándome un ojo.

A medida que transcurría la comida, David se fue interesando por el *coaching* de reorientación de carreras. Charlamos sobre cómo los profesionales a menudo se dejan llevar por la inercia y no actúan sobre su propio destino. Hablamos de los valores y del liderazgo a través de la comunicación, y de manera natural surgió el tema que a David más le preocupaba en aquel momento: la relación con su equipo directivo.

Me estuvo explicando que, cuando había incidencias en los proyectos, siempre se enteraba demasiado tarde.

—Me cuentan los problemas cuando se han convertido en un incendio —relataba apesadumbrado—, y así mi intervención siempre tiene que ser la de un bombero, no tengo oportunidad de anticiparme y prevenir el desastre. ¡Es frustrante!, concluyó.

Quedamos en charlar un día con más calma de ese tema y de cómo podía ayudarle. Le sugerí que me invitara, de asistente, a una reunión con su comité de dirección, y tuve la oportunidad de hacerlo al cabo de unas semanas. Lo que vi allí era más que evidente: David hacía gala de una personalidad arrolladora. Su gente lo admiraba: era rápido y agudo analizando el contexto y la oportunidad de cada situación. Pero su energía intimidaba al resto de directivos. Sus respuestas eran enérgicas, incluso vehementes, y su actitud no dejaba espacio a la confianza ni a la transparencia. No había margen de error sin quedar en evidencia. Pero David parecía no darse cuenta en absoluto de eso. «Le falta autoconocimiento y herramientas para mejorar su comunicación», pensé yo. Así que, al terminar la reunión, le propuse preparar un resumen y agendar una nueva cita para volver a vernos.

En unos días me acerqué de nuevo a su empresa. Me recibió su secretaria con cara de circunstancias. Al parecer no estaba siendo una buena mañana.

«Perfecto —pensé yo—. Así voy a poder ayudarle mejor a evidenciar su problema».

David me recibió con una sonrisa y me senté frente a él. Le expuse sin ambages las conclusiones de mi análisis acerca de su perfil natural. A través de un proceso mayéutico, le conduje mediante preguntas previamente calculadas a que él mismo llegase a la conclusión de que su liderazgo no era tan colaborativo e inclusivo como él pensaba.

—Te llega la comunicación de los problemas demasiado tarde porque tu equipo no se siente libre de compartir contigo las situaciones cuando se inician —le dije—. No se atreven a venir a ti con el problema. En su lugar, esperan encontrar por ellos mismos una solución. Por eso, cuando te lo cuentan, a menudo es demasiado tarde. Acuden cuando el problema ha crecido tanto que el miedo a que se descontrole supera el que les genera tener que contártelo.

—¡Pero si tienen la puerta de mi despacho siempre abierta! ¡¿Acaso no les pregunto a menudo cómo están?! ¡Me intereso por sus vidas personales! ¡Procuro que la oficina sea un lugar agradable para trabajar: siempre hay fruta y café para todos los empleados...!

A medida que David elevaba la voz y gesticulaba por su incomprensión de la situación, yo me iba alejando de él, deslizando mi silla hacia la pared que tenía detrás de mí.

—¡¿Se puede saber qué haces?! —me preguntó confuso al cabo de unos minutos, cuando tomó consciencia de que yo me encontraba a una buena distancia de su mesa, casi contra la pared—. ¡¿Por qué te alejas tanto de la mesa?!

—Tu actitud me intimida, David —le contesté—. Al igual que le pasa a tu equipo cuando reaccionas ante una situación desfavorable. Por eso no vienen a ti al inicio. Por eso esperan hasta que la situación es insostenible.

En ese instante la cara de David lo expresó todo: fue un *momento eureka*. Se dio cuenta de hasta qué punto sus formas generaban inconscientemente un efecto absolutamente opuesto a sus intereses y a su pensamiento. En ese momento amplió su autoconocimiento, tomó consciencia y, en consecuencia, su comportamiento futuro cambió radicalmente.

Gracias a ese autodescubrimiento, David pudo transformar su actitud, lo que generó un impacto positivo en su entorno laboral. Sus directivos se sintieron más confiados y seguros en su comunicación.

—Por favor, avisadme si me paso —les solicitó amable y honestamente.

El ambiente de trabajo se volvió más colaborativo y entusiasta. El entendimiento del problema fue clave para que David creciera como profesional y como persona. Y su nueva actitud ayudó a impulsar la productividad y el logro de metas en el equipo.

«OK, Camino. Me ha gustado la historia de David y entiendo la importancia del autoconocimiento, pero ¿qué tiene que ver esto con la búsqueda de empleo? Ahora no tengo colaboradores bajo mi dirección, ambos sabemos que no tengo trabajo, y esa es mi principal prioridad; ya aprenderé a mejorar mis habilidades cuando llegue el caso», podrías decirme, y con razón.

Sin embargo, si te expongo aquí el ejemplo de David, no es para que lo tengas en cuenta cuando te reincorpores a tu próximo cargo de responsabilidad —que también—; sobre todo lo hago para que seas consciente de que, en muchas ocasiones —tanto si estás trabajando como si no—, tú puedes ser simultáneamente David y sus empleados. Es decir, debido a tus propios prejuicios y creencias sobre tu situación actual, puede que tú también te estés *escondiendo* para no sentirte herido emocionalmente ante un escenario desfavorable. Te invito a trabajar en tu autoconocimiento para empoderarte y para favorecer así tu recolocación antes de que el tiempo pase y tu proceso de búsqueda se estanque.

La dimensión de la autoestima

––––––

Recientemente, tuve la oportunidad de asistir a una ponencia de Gary Hamel de la London Business School en la que destacó un dato que me llamó mucho la atención.

––El 70 % de las personas que trabajan en una empresa no sienten ninguna vinculación emocional con su organización ––afirmó Hamel para estupor de los allí presentes––, y esa falta de vinculación emocional a menudo no se debe al salario, sino a la falta de reconocimiento.

Es decir, que siete de cada diez profesionales no se sienten valorados ni apoyados. Tampoco tienen la percepción de que exista un compromiso con el desarrollo de su carrera o con su crecimiento profesional, lo que, lógicamente, merma su entusiasmo y vinculación para con la organización a la que pertenecen. Más allá de la nómina, no sienten que el esfuerzo sea recíproco.

Somos sensibles al entorno en el que nos movemos. Las circunstancias del hábitat en el que trabajamos influyen, y mucho, en el rendimiento y en la implicación del profesional. Si tú trabajas en un entorno que te valora, que te respeta, que cree en ti y te apoya, vas a sentirte más feliz, tu autoestima va a crecer, vas a estar más dispuesto a compartir y a ayudar a otros. Asimismo, hablarás bien de la empresa y sentirás orgullo de pertenencia.

Ahora bien, tampoco debemos utilizar las circunstancias de un entorno de trabajo inadecuado como excusa para abrazar la resignación y el victimismo. Si actualmente estás en un entorno profesional en el que no te sientes valorado, no te instales en el desánimo o en la queja. Mi recomendación es que aceptes que esas son las condiciones del campo de juego hoy, que las asumas y que te sobrepongas a ellas. Ya veremos si más adelante —o en paralelo— puedes plantear alternativas. Pero, mientras formes parte del banquillo, sal a jugar con entrega dando de ti la mejor versión.

Y te cuento esto porque a menudo me encuentro con profesionales que en esas circunstancias caen en la impotencia y en la desesperanza.

—No puedo hacer nada para cambiar esto, no puedo, ni podré, influir en el futuro —se dicen a sí mismos.

La falta de reconocimiento o de oportunidades de crecimiento y desarrollo profesional, la ausencia de autonomía y control en las tareas, la inexistencia de un ambiente de trabajo positivo y colaborativo, la poca o nula claridad en las expectativas o metas a las que aspirar lícitamente —por mencionar solo algunos de los factores que generan un impacto en la autoestima de los empleados—, provocan síntomas de apatía y desinterés que afectan al rendimiento, al compromiso y al bienestar profesional.

No sé si habrás oído hablar del *síndrome del domingo por la noche*. Se trata de esa sensación de angustia que se genera a medida que va avanzando la tarde del último día de la semana y se empieza a pensar en la proximidad del lunes. Yo padecía todos los síntomas: sentía insatisfacción, estrés, tristeza y rechazo. Me sentía mal conmigo misma por tolerar la falta de equilibrio entre mi vida laboral y personal. No vivía de mi talento, aunque mi trabajo fuera talentoso. Luchaba a contracorriente, navegaba aguas arriba, y eso lo hacía todo muy costoso.

Lo más sensato es seguir el curso de la corriente; la vida fluye cuando trabajas a favor de tu propósito. A estas alturas, si has reflexionado sobre para qué trabajas en lo que trabajas —como te propuse anteriormente—, más allá del dinero que te proporciona, tendrás claro a quién ayudas y cómo lo haces.

«El único modo de hacer un gran trabajo
es amar lo que haces».
Steve Jobs

Quizás sea un trabajo arduo, pero no supondrá una penosa lucha si sientes pasión por tu actividad. No necesitas que te validen: reconoce tus logros y mantén alta tu autoestima, así como tu autonomía. Porque, si tú te quieres, te valoras y te sientes capaz, la influencia del entorno tendrá mucha menos influencia.

En mi experiencia, cuando a pesar de las circunstancias te tomas las cosas con compromiso y responsabilidad, con ánimo y con ilusión, incluso con entusiasmo, sorprendentemente las circunstancias se transforman. Surge una nueva proposición laboral o una reestructuración interna. Y, de la manera más natural —y a menudo inesperada—, aparece una atractiva alternativa. Pero, eso sí, para que este escenario favorable se pueda producir, es fundamental mantener una Actitud positiva (la última de las tres aes que componen el triángulo virtuoso).

La dimensión de la actitud

La dimensión de la actitud es la que, para mí, tiene más peso a la hora de tener éxito en tu vida personal y profesional.

La actitud puede marcar la diferencia entre alcanzar nuestras metas y quedarnos estancados. Nadie transmite en España el valor y la importancia de una buena actitud como Victor Küppers, un reconocido conferenciante y motivador en cuyo discurso siempre impera una máxima: «Vivir con alegría», un concepto imprescindible en todo momento, pero más aún si cabe cuando estamos en una etapa de búsqueda de un nuevo reto profesional.

Para incorporarte a un nuevo empleo, los conocimientos son cruciales, la experiencia fundamental, la formación importante, los idiomas un plus y, claro que sí, la remuneración económica será relevante. Pero, lo más importante de todo, lo que va a enamorar al empleador cuando esté decidiendo quién será el candidato finalista, va a ser la actitud y la visión positiva que transmitas. Esa será tu diferenciación.

Si tienes una buena actitud, vas a ofrecer ventajas que pueden decantar la elección entre una persona con impacto y una persona anodina.

¿Qué implica una actitud positiva?

- **Incremento de la productividad.** Una actitud positiva impulsa la motivación y la energía para enfrentarse a los desafíos diarios. Las personas con una buena actitud tienden a ser más proactivas, comprometidas y eficientes en su trabajo, lo que se traduce en una mayor productividad y en resultados más satisfactorios.

- **Mejora del ambiente laboral.** La actitud positiva es contagiosa. Cuando nos mostramos optimistas, amables y respetuosos con nuestros compañeros de trabajo, contribuimos a crear un entorno laboral positivo. Esto fortalece las relaciones interpersonales y fomenta la colaboración y el trabajo en equipo, lo que a su vez incrementa la satisfacción laboral y reduce el estrés en el entorno laboral.

- **Mayor capacidad para resolver problemas.** Una buena actitud nos permite enfrentarnos a los obstáculos con una mentalidad abierta y creativa. En lugar de centrarnos en los problemas, nos enfocamos en buscar soluciones y aprender de las experiencias adversas. La resiliencia y la flexibilidad mental se fortalecen, lo que nos convierte en profesionales más capaces de superar desafíos y encontrar oportunidades incluso en situaciones difíciles.

- **Desarrollo de habilidades de liderazgo.** Aquellos con una actitud positiva suelen ser considerados líderes naturales. Su optimismo y entusiasmo inspiran a los demás y generan confianza. Mantener una buena actitud permite el crecimiento personal y profesional, facilitando el desarrollo de habilidades de liderazgo y la capacidad de influir positivamente en el entorno laboral.

- **Mayor satisfacción personal.** La actitud positiva nos ayuda a ver el trabajo y la vida de manera más equilibrada y gratificante. Nos permite disfrutar del presente, valorar los logros y apreciar las pequeñas cosas. Al enfocarnos en lo positivo, cultivamos una mentalidad de gratitud y optimismo, lo que contribuye a mayor satisfacción y bienestar en todas las áreas de nuestra vida.

Lo que me lleva de nuevo a hablarte de don Francisco y de Paco, porque, aunque aparentemente eran la misma persona, el personaje estaba arrinconando a la persona —y a cuantos lo rodeaban— contra la pared, como hacía David con sus empleados.

Y, como en toda buena historia que se precie, en la de Paco también hubo un punto de inflexión que vino a cambiarlo todo. Recuerdo que fue durante nuestra novena sesión trabajando juntos.

Llevábamos varias horas trabajando a fuego su reorientación de carrera, cuando hicimos un pequeño receso para refrescarnos antes de continuar.

Yo ya había notado un cambio de actitud muy esperanzador en él. Egoístamente quería achacarlo a lo ilusionado que se lo veía con el esbozo que estábamos diseñando para su nueva vida profesional. Sin embargo, en el brillo de sus ojos había algo más. Y me atreví a preguntárselo.

—Voy a ser abuelo —me confesó clavando la mirada en la alfombra del despacho. No quería que contemplase sus ojos empañados de emoción.

—¡Pero eso es hermosísimo! —exclamé yo manifestando con mi lenguaje corporal una invitación para darnos un abrazo.

Paco, tras un momento de vacilación, por fin se dejó fluir y me rodeó con sus brazos, al tiempo que reconocía que aquella noticia había venido a marcar un antes y un después en su vida.

—Creo que nunca, hasta este momento, y es algo que sinceramente me duele confesar —me dijo abriéndose en canal—, me había planteado verdaderamente dar prioridad a mis relaciones afectivas. Desde que me anunciaron que voy a ser abuelo, estoy aprendiendo a relativizar mucho más las cosas.

Meses después de aquella sesión, tras unas cuantas reuniones estratégicas más, don Francisco regresó al ruedo. Y, si bien su actividad profesional ha seguido siendo relevante y brillante, la conciliación familiar ha venido a su vida para tomar un gran protagonismo en ella. Hasta tal punto, que sus hijos reconocen que, aunque ellos no tuvieron apenas ocasión de convivir con su padre, ahora los nietos de Paco —y a la sazón, sus propios hijos — disfrutan de la compañía de un gran abuelo.

EJERCICIO
Capítulo 3

4
EL AUTOSABOTAJE

La película que nos contamos

La moción de censura contra Mariano Rajoy de 2018 fue un hecho sin precedentes en España. El texto parlamentario fue debatido en dos sesiones plenarias en el Congreso de los Diputados que se celebraron, respectivamente, el 31 de mayo y el 1 de junio de ese año. Su aprobación provocó la dimisión del Gobierno y conllevó la investidura de Pedro Sánchez como séptimo presidente de la actual etapa democrática en España.

Era la cuarta moción de censura que se presentaba desde el inicio de la Transición y la primera que prosperaba, llevando por primera vez a un presidente del Gobierno a abandonar el cargo sin mediar una convocatoria electoral.

Eso ocurría en Madrid, justo cuando iniciaba un programa de orientación de carrera con Máriam, una magnífica profesional del servicio público, activa, brillante y rigurosa, especializada en tecnologías de la información; una mujer preparada y con gran vocación por impulsar la digitalización y la modernización de la Administración pública para favorecer la vida de los ciudadanos en su comunidad.

Era ingeniera de carrera, había trabajado más de una década en una gran operadora del país y, en ese momento, recuerdo que combinaba su ejercicio profesional como directora ejecutiva de servicios en un organismo público con la docencia universitaria.

Certificada en Buen Gobierno, tenía una extensa actividad como ponente y tertuliana en medios de comunicación divulgando las bondades de una organización pública más ágil, eficiente y cercana a la ciudadanía. Por ese motivo, entre muchos otros, Máriam estaba incluida en el censo de las mujeres que estaban liderando la transformación digital del sector público en España.

La conocí en un evento en el que ambas habíamos participado en una mesa redonda. Tras la charla, ya con un vinito en la mano, comentamos los diferentes puntos de vista expuestos en la sesión. De una conversación nos fuimos a otra y, al profundizar en nuestro diálogo, comencé a descubrir a una Máriam algo menos optimista y empoderada de lo que solía mostrarse en público. Acordamos mantener una sesión para valorar la posibilidad de trabajar juntas en proyectar de una manera más eficaz su futuro profesional. Y así lo hicimos.

—Cuando dejé el ámbito privado —me reveló ya en nuestra primera sesión—, tenía grandes ambiciones. Quería aportar mi experiencia para modernizar los servicios públicos y aproximarlos al ciudadano. Tengo que reconocer que me movía un espíritu algo romántico, me ilusionaba contribuir a la transformación digital de mi comunidad autónoma y de mi país. Me sentía muy capaz de impulsar proyectos ambiciosos.

—¿Pero...? —apostillé yo, viendo que su rostro mudaba de expresión y la pausa se prolongaba demasiado tiempo.

—Soñaba con los beneficios que podía aportar con mis conocimientos tecnológicos —continuó ella—, pero no contaba con los condicionantes de los entornos políticos ni con las restricciones presupuestarias de las administraciones públicas —se lamentaba—. Hace unos años quería ser una persona capaz de influir en la mejora de la sociedad, pero, poco a poco, he ido viendo que no puedo luchar con lo que hay ahí fuera: estoy atrapada en el sistema y no le veo salida.

En ese clima de confianza, podía observar el lenguaje no verbal de Máriam. Su postura: hombros caídos, mirada baja, rostro tenso... Era como si su cuerpo me dijera que Máriam se sentía insuficiente para hacer frente a los desafíos.

—De modo que, con los años —me siguió contando—, he decidido conformarme con avanzar a paso lento. Y he de reconocer que me voy sintiendo satisfecha por los pequeños logros que vamos consiguiendo. Sigo pensando que el esfuerzo vale la pena y he logrado que esta situación ya no me genere aquella sensación de frustración e impotencia que sentía antes.

—Entonces, ¿así te sientes feliz? —quise saber, sospechando la respuesta.

—La felicidad está sobrevalorada —se justificó—. ¿Te has parado a pensar alguna vez hasta qué punto nos bombardean constantemente con mensajes sobre la importancia de ser felices...? ¿Qué ocurre, que si no eres feliz algo anda mal? Parece que la felicidad se ha convertido en una especie de meta suprema que todos debemos alcanzar.

—Y si yo te dijera que tú eres la única responsable de todo lo que ocurrió, ocurre y ocurrirá en tu vida —le pregunté yo—, ¿qué me dirías? ¿Qué opinas? ¿Estás de acuerdo con esa afirmación? ¿Qué te hace sentir esa frase?

—Mira, Camino —me respondió muy seria—, ya dejé atrás el sector privado; volver a él sería un fracaso. Tengo ya una edad y hay que ser realistas. No siempre puedes conseguir tus sueños; se lo digo así a mis hijos. La vida hay que tomarla como llega y, si lo intentaste, ya has hecho suficiente.

—¿Y tú crees que ya has hecho suficiente? —insistí yo. Noté que mis preguntas la estaban incomodando, se removía en el sillón, inquieta, y su tono de voz se volvía cada vez más defensivo.

—Nunca se hace todo lo posible. Siempre se puede hacer más, desde luego —reconoció Máriam—, pero, en mi caso, lo he intentado todo, créeme. Por lo menos me queda la universidad. Allí sí que siento que puedo aportar más valor y tengo mayor reconocimiento.

—Entonces, ¿si invirtieras más tiempo trabajando en la universidad, te sentirías más feliz?

Hizo una mueca y las dos nos echamos a reír.

—Te digo una cosa, Camino, en ninguna de mis dos ocupaciones se gana el dinero que creo que merezco. Soy muy consciente. Pero ambas actividades son vocacionales. Así que no tengo muchas expectativas de poder pegarme la gran vida, ni mucho menos. También sé que, cuando me jubile, voy a tener que llevar una vida sencilla. Quizás sea eso lo que más me preocupa porque, la verdad sea dicha, tampoco me parece muy justo.

—¿Y qué podrías hacer para obtener la retribución que consideras que mereces? —quise saber.

—Pues es que ese es otro gran tema —reconoció ella—. Los trabajadores públicos tenemos un régimen de incompatibilidades muy estricto. Y eso que yo no soy funcionaria de carrera. Pero, aun así, son muchas las actividades que desarrollo para las que tengo que pedir autorización expresa. Y, ¿sabes qué? Que como es tan complejo y se demoran tanto en los permisos, a menudo renuncio antes de intentarlo. ¡Me saca de quicio tener que estar pidiendo permiso para trabajar y aportar mis conocimientos al mundo!

Esa era la mentalidad de Máriam, una mujer tremendamente inteligente y capaz que decidía asumir una vida carcelaria, anestesiándose para no sufrir. El suyo no era un tema de edad, tampoco era una cuestión de cultura, ni siquiera un problema relacionado con la falta de experiencia... Era sencillamente una traba derivada de su forma de concebir su realidad. Su principal obstáculo y su mayor enemigo era su propia mentalidad.

Su realidad estaba condicionada por sus creencias. Su foco y las expectativas que tenía sobre lo que le iba a suceder constituían los límites entre los que transcurría su vida, creencias con la apariencia de verdades inmutables: «Esto es así y no va a cambiar —se decía una y otra vez—. ¡Ni yo ni nadie puede!».

El síndrome de la rana hervida

———

Permíteme que traiga a colación en este punto un interesante experimento que relataba Olivier Clerc — escritor, docente y conferencista francosuizo— para establecer una analogía con el caso de profesionales como nuestra querida Máriam.

Imagina que pones una rana en una olla con agua fría. Al principio, la rana está feliz, saltando y nadando tranquilamente. Pero aquí viene lo curioso: si pones la cazuela al fuego, no muy vivo, de tal manera que la temperatura del agua se vaya incrementando muy poco a poco —grado a grado—, la rana no se da cuenta de que está siendo cocida. A medida que la temperatura sube lentamente, la rana se va adaptando y se siente cómoda, sin prever el peligro que se avecina. No intuye la amenaza, no reacciona, no salta fuera de la olla... Y termina siendo hervida sin siquiera haber intentado escapar. Impactante, ¿verdad?

Por eso me gustaría utilizar el síndrome de la rana hervida como metáfora para recordar el impacto —y el peligro— que deriva de acomodarse, incluso de resignarse, como Máriam, a lo que tenemos en el entorno en el que trabajamos.

A veces, podemos quedarnos impasibles, como la rana, inmersos en una situación tóxica, simplemente porque nos hemos acostumbrado a ella. Nos adaptamos gradualmente a las circunstancias y vivimos en condiciones que alteran nuestra calidad de vida, sea en culturas empresariales que no están alineadas con nuestros valores o en puestos de trabajo que se han ido distanciando significativamente de nuestro propósito, sin cuestionarnos siquiera con qué objetivo seguimos invirtiendo nuestro tiempo y nuestra energía en esa actividad que no nos aporta la satisfacción que merecemos.

Afortunadamente para nosotros, no somos batracios, sino *Homo sapiens sapiens*. Es decir, hombres y mujeres que no solo pensamos, sino que somos conscientes de que pensamos. Y son precisamente nuestros pensamientos los que configuran nuestra realidad. La buena noticia para nosotros, los seres humanos, es que cambiar nuestra realidad y saltar de la olla antes de cocernos —o de que la vida nos plantee una moción de censura que termine prosperando— es perfectamente factible.

¡El único requisito es creer que lo es!

Y esto, que así *a priori* parece una mala noticia, es, al mismo tiempo, una gran oportunidad, ya que, si no estamos satisfechos con el rumbo de nuestra existencia, con nuestras relaciones o con las situaciones que vivimos, siempre estamos a tiempo de modificar nuestras creencias y reinventar nuestra realidad.

Más adelante entraremos en el cómo se consigue eso. Te ruego un poco de paciencia: primero subamos el primer escalón de esta escalera, en el que conocerás cuál es la poderosa premisa imprescindible que necesitas tener en cuenta para encontrar la puerta de acceso a esa nueva dimensión de tu realidad: pensar, con vehemencia, que mereces tener aquello que buscas.

Si estás aspirando a conseguir tu objetivo desde la esperanza o el deseo, el mensaje que envías al universo es de carencia. Y la probabilidad de que lo alcances no será muy alta. Como diría el maestro Yoda, «Hazlo o no lo hagas, pero no lo intentes».

Si recuerdas, en el clásico y conocido libro de Napoleón Hill, *Piense y hágase rico*, el autor nos decía que «nadie está preparado para recibir algo hasta que no cree que puede conseguirlo. El estado mental debe ser el de la convicción, no el de la mera esperanza o el deseo». El concepto de Hill parte de la base de que debes saber a ciencia cierta lo que mereces tener. Y el modo más eficaz que he visto de poder aumentar la voluntad y la disposición a recibir lo que queremos es comenzar a perfeccionar nuestro presente y trabajar para conseguir todo aquello que, hasta hoy, no creíamos merecer conscientemente.

De modo que, si por la razón que sea, tienes tendencia a sabotear tus logros, piensa si no será porque no estás dispuesto a creer que mereces gozar de una vida más plena.

La mente condicionada

En nuestra siguiente sesión, Máriam y yo centramos la conversación en la necesidad de concretar cuál podía ser su siguiente reto profesional.

—Piensa en algo que realmente desees —le pedí— y olvídate de los condicionantes que lo hacen inalcanzable hoy. Lo que sea: un trabajo especial, cambiar de organismo público, dejar la Administración y dedicarte a la enseñanza en exclusiva, convertirte en conferenciante, escribir libros, crear un negocio propio...

Y a ti, estimado lector, querida lectora, te voy a pedir que hagas este mismo ejercicio: que pienses en un objetivo ambicioso. ¿Ya lo tienes?

Pues bien, trata ahora de escuchar tu mente. ¿Qué te cuenta tu voz interior?

¿Te dice que eso que te gustaría tener es muy difícil que lo consigas?

¿Tienes pensamientos del tipo: «Quiero esto, pero nunca podré tenerlo»?

O, peor aún, ¿piensas que a lo mejor ni siquiera te lo mereces o qué el entorno no te va a considerar como alguien válido para ese objetivo?

¿Te has descubierto prestando atención a cualquier otra sentencia lapidaria de esas que te regala tu ego...?

Cuando la mente crea ese tipo de pensamientos —esos programas mentales que ponen en cuestión tu autoestima—, necesitas parar un momento para caer en la cuenta de que tienes la capacidad de poder cambiarlos. Doy fe de que llegar a ser plenamente consciente de ello es toda una epifanía, un momento eureka, porque realmente transformará tu manera de pensar. Y a partir de entonces ya no habrá vuelta atrás: comenzar a generar nuevos pensamientos que te empoderen será una cuestión inevitable. Y fíjate que no estoy afirmando que vayas a conseguir cualquier cosa; lo que te garantizo es que vas a poder alcanzar todo aquello que verdaderamente creas que mereces. Nuestra mente funciona así, tanto a nivel individual como colectivo.

Si hay un ser humano que encarna a la perfección lo que trato de transmitirte, ese es nuestro tenista más laureado, Rafael Nadal, un experto en hacer de lo imposible algo posible gracias a una mentalidad casi de ciencia ficción. Viendo a Rafa, disfrutando de su tenis, todos nosotros hemos asistido a momentos épicos. Sin embargo, para mí el más impresionante fue el partido en el que se jugaba el pase a semifinales del torneo de Wimbledon el 6 de julio de 2022, en el que superó unos problemas en su musculatura abdominal para, después de más de cuatro horas de partido, imponerse a Taylor Fritz en cinco *sets* y citarse con Nick Kyrgios en las semifinales del torneo más prestigioso en pistas de hierba.

Las imágenes eran espeluznantes; no se me olvidarán en la vida. Desde su asiento en la pista central, Sebastià Nadal le está pidiendo airadamente a su hijo Rafa que se retire del partido. El tenista español está jugando los cuartos de final contra Fritz, pero no puede ni sacar ni moverse con normalidad porque tiene muchísimo dolor en la zona abdominal. En mitad del segundo *set*, el campeón de 22 grandes se marcha al vestuario con el fisioterapeuta intentando un milagro, resistiéndose a aceptar el desenlace e ignorando el consejo de su padre. Lesionado, el mallorquín sale adelante (4-6, 7-5, 3-6, 7-5, 7-6 en 4 horas y 21 minutos) por dos motivos: tiene un espíritu competitivo como ninguno otro en la historia y a su contrario le falta colmillo para aprovechar una oportunidad tan jugosa.

Lo mejor aquel 6 de julio mítico no fue la victoria de Nadal, sino que, conociéndole como le conocemos, todos y cada uno de los espectadores que gozamos asistiendo a episodios de épica tenística estábamos convencidos de que Nadal no se iba a rendir, sobre todo, porque no era la primera vez que lo hacía, ni sería la última. Un mes antes de aquella proeza en Wimbledon, el mallorquín acababa de ganar su decimocuarto torneo de Roland Garros —trofeo que suponía el vigésimo segundo Grand Slam de su carrera— en unas condiciones que objetivamente nos convencieron a todos de que se trataba de un ser sobrehumano. Porque Nadal consiguió ese triunfo con una lesión crónica y degenerativa en el pie izquierdo, conocida como *enfermedad de Müller-Weiss*, que lo obligó a retirarse del circuito durante un tramo de la temporada anterior y le había dado grandes problemas durante aquel curso de 2022.

Cuando en la rueda de prensa posterior los periodistas le preguntaron si su motivación extra se debía a que ganando aquel torneo se convertía en el tenista con más Grand Slam de la historia, el de Manacor los dejó con la boca abierta al responder: «Cualquier victoria es importante para mí porque me da la oportunidad de jugar otro día. Y eso es lo que necesito, jugar. Necesito competir. El resto, ser número uno, número dos, no importa. Siempre intento jugar lo mejor posible. Siempre trabajo con una meta, y es mejorar cada día como jugador y persona. Eso es lo más importante de todo. Lo básico es creer en ti e intentar dar lo mejor de uno mismo cada partido. Porque las dudas no se superan; convives siempre con ellas. Lo que sí que puede hacer uno es dar lo máximo cada día».

Estas palabras de Rafael Nadal resumen a la perfección la esencia de este capítulo: el condicionamiento mental afecta directamente a la realidad manifestada. Decía Henry Ford en una de sus famosas citas: «Tanto si crees que puedes, como si crees no puedes hacer algo, siempre tendrás razón». Solo recibirás aquello que deseas cuando realmente creas que lo mereces y, en consecuencia, modifiques tu forma de pensar y digas, como Nadal: «Perder no es mi enemigo. El miedo a perder es mi enemigo». Así que, si realmente deseas algo, visualiza desde la convicción y agradece y celebra anticipadamente que ya has conseguido ese objetivo.

Sin embargo, si prestas atención a esa vocecita interior que te dice que no puedes hacer nada para cambiar tus circunstancias, «que no es que no quieras avanzar, es que no puedes, porque no depende de ti, sino de las circunstancias», te anticipo que no conseguirás que lleguen cambios ni nuevas oportunidades a tu vida. Porque tus pensamientos tienen tanto poder, que se manifiestan en forma de profecías autocumplidas. Te ruego que pongas atención a esto: si quieres provocar un cambio sostenible en tu vida personal y profesional, necesitas pensar, sentir y actuar en coherencia con quién eres, con tu auténtica identidad.

Necesitas confiar en ti. Recuerda que *autoestima* significa etimológicamente «la medida en la que te estimas». Es clave que confíes en tus capacidades, que te valores y te quieras, pero, sobre todo, que seas plenamente consciente de que te mereces aquello que te has propuesto. Solo así vas a generar el entusiasmo que necesitas y a saltar al terreno de juego con la alegría y la pasión coherentes con la consecución del trofeo. Porque sabrás que es tuyo antes de salir al campo, serás consciente de que te lo mereces y es para ti.

Lo que marca la diferencia entre una persona mediocre y una extraordinaria estriba en la manera tan distinta en la que ambas se relacionan con los obstáculos, las dificultades, los desafíos, los límites, la presión, el estrés, las injusticias, las ofensas, las provocaciones, los errores y los fracasos. En todas esas oportunidades están los aprendizajes.

El doctor Mario Alonso Puig tiene una frase que me parece oportuna en este contexto: «Todos queremos comer, pero muy pocos están dispuestos a cazar». Hemos de aprender a querer más «cazar» que «comer». A un león le gusta comer, sin duda, pero lo que más le gusta es cazar. Porque se lo merece. Porque en la caza se define y se reafirma: encuentra su esencia. Así es como crece, aprende y adquiere experiencia. La verdadera medida de tus capacidades no la vas a mostrar en los momentos en los que sientas comodidad y seguridad, sino en los que vives retos y desafíos; eso es lo que necesitamos todos para crecer.

Un punto de inflexión

Pasaron unos días y Máriam me volvió a llamar: quería verme porque tenía una idea que quería compartir conmigo. Llegó sonriente y confiada. Enseguida entramos en el tema y me contó que a una compañera suya un alto cargo de un Ministerio le habían ofrecido una oportunidad muy interesante en el Parlamento Europeo. El caso es que, por circunstancias particulares, no iba a poder aceptar la plaza y la había llamado enseguida:

—Máriam, tú eres la persona ideal para ese puesto —le había dicho—. Cumples todos los requisitos y podríamos ganar un gran reconocimiento si España preside alguna de las comisiones de modernización de la Administración pública en la Unión Europea. Nos beneficiaría mucho tener a alguien potente allí de cara a la asignación de fondos para algunas iniciativas que tenemos en el país, como bien sabes.

Máriam estaba orgullosa por el ofrecimiento y se produjo el primer clic en su mente.

—¡Estoy segura de que yo también puedo hacer un buen trabajo en ese puesto! —reconoció ella con un brillo en los ojos como jamás le había visto.

—¿Habías pensado en esa alternativa profesional antes, Máriam? —le pregunté yo.

—Pues, sinceramente, no —admitió—. Creo que estaba tan ofuscada con las limitaciones de mi día a día, que los árboles me impedían ver el bosque.

—¿Y qué vas a hacer ahora con esta oportunidad? —insistí.

—Estoy valorando seriamente aceptarla. La actividad me encanta, el cargo me quedaría como un guante, por no mencionar cuánto puedo ayudar a mi país; además me ayudaría a potenciar mi currículum y mi carrera —se la veía exultante mientras me refería cuánto reconocimiento y visibilidad le generaría ese puesto en el Parlamento Europeo—. Ya sabes... todas esas cosas que me dices que debo procurar. Y, encima, ganaría bastante más dinero entre el sueldo y las dietas.

—Tendrás que viajar —la tanteé yo para calibrar cuál era la firmeza de su apuesta.

Su respuesta me sorprendió gratamente:

—Es cierto, pero eso también me ilusiona. Voy a poder trabajar y debatir con personas que son referentes para mí en Bruselas. —Máriam había transformado su manera de pensar, había vislumbrado una nueva alternativa y tenía la convicción de que quería luchar por ella. ¿Sabes por qué?

—¿Sientes que te lo mereces, Máriam?

—¡¿Que si me lo merezco?! —me retó ella—. Sabes que no soy malhablada. Pero ahora mismo te soltaba un taco para expresarte hasta qué punto creo que me lo merezco... ¡ya era hora!

—¡Pues venga, a por ello! La espeté yo.

En el instante en el que pasas de ser víctima a ser responsable de tu vida, te conviertes en el motor de tu propia realidad, dejas de ser un mero intérprete para ser el creador de tu destino. En otras palabras, cuando comienzas a creer que mereces algo mejor, que mereces tenerlo, automáticamente te haces responsable de conseguir ese reto que parece específicamente creado para ti. Porque, recuerda, «si lo crees, lo creas».

Supongo que alguna vez habrás escuchado ese maravilloso adagio de Marcel Proust que dice: «Aunque nada cambie, si yo cambio, todo cambia». Pues eso mismo le ocurrió a Máriam. A pesar de sus firmes creencias, por más que estuviera convencida de que luchaba contra algo inamovible o de que carecía de capacidad de influencia, un simple cambio de observador le permitió modificar su manera de actuar, y eso atrajo hacia ella una nueva oportunidad profesional y la valentía necesaria para conseguirla.

Tu realidad es simplemente el reflejo de tus propias ideas. Cuanto más dispuestos estemos a permitirnos un cambio, más probabilidades tendremos de conseguirlo.

Actualmente, Máriam trabaja en Estrasburgo. Su situación económica ha cambiado radicalmente y goza de gran prestigio. En su entorno profesional se siente realizada y feliz de poder poner al servicio de todos los ciudadanos de la Unión Europea —y especialmente de los españoles— todo un bagaje profesional que parece haber sido específicamente diseñado para que ella ocupe ese puesto en el Parlamento Europeo.

EJERCICIO
Capítulo 4

5
ACTÚA PARA AVANZAR

Cómo nos ponemos en marcha

El currículum profesional de Alberto era realmente impactante. Educado en el Liceo Francés, desde bien joven tuvo muy claro que su camino estaría vinculado al marketing. Pero no a la mercadotecnia de cualquier cosa; le fascinaba el lujo: perfumes, relojes, joyas... Y cómo influir en el consumo a través de la publicidad. Así que decidió que París sería la ciudad perfecta para desarrollar su carrera; ese fue su plan desde el principio.

Aquellos tiempos eran predigitales, pero Alberto, con su espíritu innovador y su pasión por la comunicación, se abrió paso en una de las agencias de publicidad internacionales más *top*. Tuvo una carrera ascendente y brillante. Sus campañas, tremendamente innovadoras y creativas, ganaron premios relevantes en el sector y representó, como ejecutivo de cuentas, a grandes firmas de reconocido prestigio mundial.

Sin embargo, el día de su 48.º cumpleaños todo cambió. La agencia lo despidió, dejándole una jugosa indemnización y una decisión por tomar. Pensó: «Es el momento de regresar a España y probar con mi propia agencia de marketing digital».

Con ese plan en mente, aterrizó en Madrid y, motivado, comenzó a trabajar conmigo para que le acompañara a dar vida a su emprendimiento. La familia lo recibió con los brazos abiertos, y todo iba sobre ruedas hasta que su sobrino, que iba a estudiar en Madrid, necesitó un techo. Aunque sabía que sería un desafío, ¿cómo negarse?

Y hablando de compromisos, su madre, con la idea de que ahora tenía tiempo, quería que la acompañara todas las mañanas a dar «su paseíto diario» por el Retiro. Las palabras de su madre calaron hondo.

—¡Qué mejor oportunidad para compartir lo poco que me queda de vida contigo después de tanto tiempo viviendo lejos! —Imposible negarse ante tamaño argumento de su madre.

A eso añadamos un amigo, en aprietos financieros, que acudió a Alberto para que le asesorara con su experiencia.

—Si no consigo ventas pronto, me hundo, amigo —le confesó.

Con la excusa de que Alberto tenía tiempo, este amigo le pidió ayuda. Atrapado entre el deber y el deseo de ayudar, Alberto se implicó.

Unos meses después, Alberto estaba agotado y descentrado. Había avanzado poco en su proyecto de emprendimiento y eso le generaba enojo consigo mismo.

Asumió más de lo que podía manejar y su sueño empresarial estaba en pausa. Frustrado, me confesó: «Camino, no sé decir que no. Ayúdame a volver a poner el foco en mi proyecto; necesito aprender a poner límites».

Estoy segura de que esta historia te puede resonar porque es una situación que se da con mucha frecuencia en esta etapa. Puede parecer, como en un espejismo, que ahora tienes una gran cantidad de tiempo libre, pero no te equivoques: la búsqueda de empleo es un trabajo en sí mismo. Requiere constancia, dedicación y esfuerzo.

Para conseguir mejores resultados en tu proceso de recolocación, es imprescindible organizar bien tu actividad diaria y tomar el control de tu nuevo *trabajo*. Debemos aprender a proteger nuestro tiempo, decir NO a muchas cosas para decir SÍ a lo que realmente importa.

El poder de las emociones

Las emociones, esas fuerzas internas que nos impulsan y nos tiñen la mirada con la que observamos el mundo, desempeñan un papel crucial en nuestra vida, incluida nuestra carrera profesional. La emoción dominante que albergamos no solo afecta a nuestro estado de ánimo, sino que también se expande a todas las áreas de nuestra vida, incluido nuestro trabajo. Si nos sentimos satisfechos, felices y seguros, estas emociones positivas se irradian en todo lo que hacemos. Por el contrario, si predominan sentimientos de insatisfacción, inseguridad o miedo, también encontrarán su camino en cada rincón de nuestra existencia.

En el ámbito profesional, estas emociones pueden ser un indicativo crucial de si estamos o no en el lugar correcto. Si tu trabajo te llena de satisfacción y orgullo, ¡felicitaciones, estás donde debes estar! Pero si sientes que tu trabajo es solo un refugio temporal de tus emociones o una distracción de ellas, es momento de reflexionar. El trabajo no debería ser solo un medio para alejarte de tus emociones o para sentir la satisfacción momentánea de una tarea bien hecha; debería ser una fuente de realización y crecimiento personal.

El equilibrio entre el trabajo y otras áreas de la vida es fundamental. No debes sentir la necesidad de elegir entre lo uno y lo otro. Te lo puedes pedir todo: trabajar y ser feliz.

Y cuando el trabajo no cumple tus expectativas, no te proporciona satisfacción, o cuando incluso lo has perdido y necesitas una reinserción laboral, es vital hacer una introspección profunda.

Pregúntate qué es lo que realmente deseas hacer y qué te está impidiendo tomar los pasos necesarios hacia un cambio. Como vimos en capítulos anteriores, el miedo y la falta de autoconfianza son a menudo los mayores obstáculos. Pero estos sentimientos, que provienen de experiencias pasadas, pueden ser abordados y superados con un trabajo interior consciente.

Para avanzar y lograr un cambio significativo, primero debes eliminar los obstáculos emocionales y luego preparar un plan sensato y realista. Las decisiones deben ser firmes y los pasos que has de seguir, lógicos y bien pensados. El universo tiende a apoyar a aquellos que están comprometidos con sus metas y que toman decisiones armónicas con sus capacidades y circunstancias.

Nuestras emociones no solo son indicadores de nuestro bienestar, sino también poderosos motores de cambio. Reconocer y gestionar nuestras emociones en el trabajo y en la vida será esencial para encontrar la satisfacción y el impulso que necesitamos. Al abordar nuestros miedos e inseguridades y planificar con sensatez nuestros siguientes pasos, podemos alinear nuestras acciones con nuestros deseos más profundos y encontrar así un mayor equilibrio hacia una vida plena.

La ley de la persistencia

Para aprovechar mejor tu tiempo y conseguir mejores resultados en tu proyecto de cambio o en la búsqueda de un nuevo empleo, es imprescindible organizar bien tu actividad diaria y tomar el control de tu objetivo.

La ley de la persistencia enfatiza la importancia de insistir, persistir y resistir. Mantener un esfuerzo constante y firme hacia un objetivo es un principio esencial en el éxito de estos procesos.

A veces, para encontrar empleo, ni siquiera es preciso ser el mejor, pero siempre hace falta resistir y perseverar más que otros. Es crucial mantener la mirada fija en el objetivo y avanzar como un Leopard hacia lo que buscas. Por eso insisto en la necesidad de salir a la calle habiendo definido el tipo de empleo que deseas, el sector, la ubicación geográfica y los valores de la empresa que mejor se alinean con los tuyos. Esta claridad te permitirá enfocar tus esfuerzos y evitar desviarte hacia oportunidades que no se ajustan a tus metas.

Necesitas persistencia en la tarea diaria de aplicar a anuncios de trabajo. Este proceso puede ser tedioso y desalentador, especialmente cuando no se obtienen respuestas inmediatas y ves que compites con cientos de candidatos. Sin embargo, la insistencia aquí implica continuar aplicando de manera constante, adaptando tu currículum y carta de presentación a cada puesto específico y aprendiendo de cada experiencia para mejorar tus futuras oportunidades en nuevos procesos.

La búsqueda de empleo está llena de potenciales contratiempos y rechazos. La persistencia en este contexto significa también resistencia: la capacidad de enfrentar estos desafíos sin perder la motivación o la esperanza. Es fundamental desarrollar una mentalidad resiliente que te permita ver cada rechazo no como un fracaso, sino como una oportunidad para aprender y crecer. Con cada NO estás un paso más cerca del SÍ.

Y, por supuesto, es vital perseverar en el seguimiento y la ampliación de tu red de contactos profesionales porque tienen un papel crucial en la estrategia de detección de oportunidades. No se trata solo de establecer conexiones puntuales; debemos atraer *embajadores* a la causa. Esto puede significar participar regularmente en eventos de *networking*, mantener una presencia activa y profesional en plataformas como LinkedIn y buscar activamente oportunidades de colaboración o aprendizaje.

La red de contactos es un recurso valioso, pero, como todo recurso, debe ser gestionado con cuidado y respeto. Tu desafío es mantener la llama del interés y la colaboración viva, sin quemar los puentes que has construido con esfuerzo durante décadas. Con empatía, claridad y un espíritu de colaboración, podrás mantener la red de contactos a tu lado, no solo en la bonanza, sino también en la adversidad.

La persistencia es, por tanto, un elemento clave en la búsqueda de empleo. Se trata de un compromiso continuo con tus objetivos, un esfuerzo sostenido en la aplicación a ofertas de trabajo, un mantenimiento activo de tu red de contactos y una resistencia inquebrantable ante los obstáculos y rechazos. Esta ley no solo aumentará tus posibilidades de encontrar un empleo, sino que también te ayudará a desarrollar una mentalidad más fuerte y resiliente, preparándote para los desafíos del mundo laboral.

Asertividad y disciplina

El trabajo de buscar trabajo requiere un enfoque disciplinado, similar al que se aplicaría a una actividad laboral a tiempo completo. Establecer una rutina rigurosa no solo optimiza tus esfuerzos, sino que también mantiene tu motivación y productividad en niveles óptimos.

Estas son recomendaciones prácticas y efectivas para evitar vivir situaciones como la de Alberto y proteger tu tiempo y tu vida durante esta etapa:

Establece una rutina rigurosa para cada día de la semana

Mantener una agenda diaria ordenada es esencial para ser productivo y conseguir resultados. Dedica franjas horarias específicas para la búsqueda de trabajo, la formación y el *networking*, invirtiendo en todas esas actividades un tiempo de calidad.

Si te preguntas cómo hacer eso, aquí tienes algunas ideas que pueden resultarte útiles:

1. Define horarios

- Identifica tus horas más productivas. No todos somos iguales. Algunos trabajan mejor por la mañana, mientras que otros encuentran su pico de productividad en la tarde-noche. Identifica cuándo te sientes más enfocado y energizado y dedica esas horas a las tareas más exigentes de tu búsqueda de empleo.

- Establece horarios fijos. Como si estuvieras yendo a una oficina, define un horario de inicio y fin de tu jornada laboral. Esto no solo te ayudará a mantener una estructura, sino que también te permitirá separar el tiempo de trabajo del tiempo personal.

2. Organiza las actividades

- Prioriza tareas. Haz una lista de las tareas diarias y semanales. Esto puede incluir la búsqueda y aplicación a ofertas de empleo, actualización de tu currículum y LinkedIn, cursos de formación y actividades de *networking*.

- Establece objetivos claros. Define objetivos específicos para cada semana, como aplicar a un cierto número de trabajos o asistir a un evento concreto. Establecer metas claras te dará un sentido de dirección y propósito y te ayudará a medir avances y logros.

3. Crea un espacio físico de trabajo

- Designa un área de trabajo. Tener un espacio dedicado para trabajar en tu búsqueda de empleo es crucial. Este lugar debe ser ordenado, tranquilo y libre de distracciones para que puedas concentrarte plenamente.

- Organiza ese entorno. Asegúrate de que esté equipado con todo lo necesario, como ordenador, acceso a internet y materiales divertidos, como pósits de colores o libretas atractivas. Un entorno organizado contribuye a una mente organizada.

4. Mantén la disciplina

- Mantente firme en tu planificación. Los hábitos se forman con la repetición, y con el tiempo las rutinas ofrecen excelentes resultados.

5. Gestiona sin rigidez

- Si bien es importante mantener una rutina, también es esencial ser flexible. Si surgen una oportunidad de *networking* inesperada o una entrevista, genera espacios con agilidad y eficiencia.

6. Revisa los avances y haz ajustes

- **Evalúa regularmente.** Dedica tiempo cada semana para revisar lo que ha funcionado y lo que no. Crea indicadores para medir el rendimiento. Esto te permitirá ajustar tus rutinas y tus métodos para ser más eficiente.

- **Permite el ajuste.** Si encuentras que ciertos aspectos de tu día a día no están funcionando, no dudes en hacer cambios y sostener los ajustes en el tiempo para testear.

Establece límites

Como vimos en el caso de Alberto, es natural querer ayudar a quienes te rodean, pero también es fundamental establecer límites firmes. Definir unos límites razonables en tu vida ayuda a que tengas claridad para decir que NO a todo aquello que te saque del foco. En esta delicada etapa, necesitas mantener un equilibrio en tu disponibilidad, controlar tu energía y evitar andar atendiendo las prioridades de otros todos los días. Piensa por un momento qué es más relevante para ti: ¿quedar a tomar un café con un contacto o ir al mercadillo a por la fruta?

Aquí te presento algunas ideas sobre cómo establecer y mantener estos límites de manera efectiva para salvaguardar tu tiempo y tu energía:

1. Ten una comunicación clara con tu entorno

- **Explica tu situación.** Comunica a tu familia, a tus amigos y a cualquier otra persona en tu entorno inmediato que, aunque estés en casa, estás comprometido con una tarea importante y exigente. Asegúrate de que entiendan que este período no es un tiempo libre extendido, sino un compromiso serio con tu futuro profesional.

- **Establece horarios de disponibilidad.** Hazles saber a los demás cuáles son tus horarios de trabajo y cuándo estarás disponible para actividades sociales o para ayudar en tareas domésticas. Es vital que respeten estos horarios tanto como tú.

2. Reduce las interrupciones

- Protege tu tiempo. Informa a quienes viven contigo de que las interrupciones deben ser limitadas mientras estés trabajando. Coloca señales si es necesario para recordarles a otros que estás en *modo trabajo* atendiendo a tu *horario laboral*.

3. Maneja las expectativas y solicitudes externas

- Declina proposiciones No temas rechazar propuestas o invitaciones que interfieran en tu horario de búsqueda de empleo. Aprender a decir no es esencial para mantener tus límites y prioridades.

- Gestiona tus prioridades. Si bien es importante sentirte útil y apoyar a otros, también lo son tus propias necesidades y prioridades. Balancea la demanda sin alejarte de tu objetivo principal.

4. Autodisciplina y autogestión

- Respeta tus propios límites. Tan importante como establecer límites con los demás, es respetar los tuyos mismos. Evita la tentación de desviarte de tu agenda, incluso de dedicar más tiempo del previsto a consumidores de tiempo que te atrapan: las redes sociales o la tentación de ver el siguiente capítulo de Netflix; es muy fácil sucumbir.

Cuida tu salud

Y, por último, pero no menos importante, la búsqueda de empleo es, sin duda, un período estresante, lo que hace que cuidar de tu salud sea imprescindible para poder sentirte como un atleta de alto rendimiento. Aquí te presento algunas recomendaciones esenciales para mantener tu bienestar protegido durante el desafío:

1. Mantén una rutina de ejercicio regular

- Actividad física. El ejercicio regular no solo mejora tu salud física, sino que también es un gran impulso para tu bienestar mental. Elige actividades que disfrutes, sea caminar, correr, practicar yoga o cualquier otra forma de ejercicio que se ajuste a tu estilo de vida.

- Beneficios del ejercicio. El ejercicio libera endorfinas, que son conocidas como *las hormonas de la felicidad*. Esto puede ser especialmente útil para combatir el estrés y la ansiedad que a menudo acompañan a la búsqueda de empleo.

2. Procura una alimentación saludable

- Una dieta equilibrada rica en frutas, verduras, proteínas magras y semillas te proporcionará la energía necesaria para enfrentarte a los desafíos del esfuerzo que requiere la tarea.
- Evita el consumo de cafeína y azúcar. Aunque pueden ofrecer un impulso temporal, el exceso de estimulantes puede llevarte a un ciclo indeseado de altibajos en tu energía y en tu estado de ánimo.

3. Asegura un descanso adecuado:

- Un sueño reparador. Más que nunca necesitas obtener suficiente descanso cada noche. El sueño es fundamental para la recuperación física y mental, y para mantener la claridad y la concentración durante el día.
- Una rutina del sueño. Establecer una rutina de sueño ayuda a regular tu reloj biológico y mejora la calidad de tu descanso.

4. Cuida tu mente:

- Técnicas de relajación. Prácticas como la meditación, la atención plena (*mindfulness*) y la respiración profunda pueden ayudarte a manejar el estrés y a mantener una perspectiva positiva y enfocada.
- Busca apoyo. No dudes en buscar apoyo emocional si lo necesitas. Hablar con amigos, familiares, tu *coach* o incluso un psicólogo a menudo resulta necesario y muy beneficioso.

5. Mímate y encuentra tiempo para gratificarte:

- Deja espacio al ocio. Es importante hacer pausas regulares durante tu búsqueda de empleo. Dedica tiempo a aficiones y actividades que te gusten para desconectar y recargar energías. Date caprichos.

- Evita el aislamiento social. Mantén el contacto con amigos y conocidos. Las relaciones sociales son un componente crucial para tu bienestar emocional. Programa salidas y disfruta de la compañía de otros.

La búsqueda de empleo, aunque sea un evento desafiante, no debe pasarle factura a tu salud. Al cuidar de tu bienestar, no solo estarás en mejores condiciones para enfrentarte a los retos de esta etapa, sino que también te preparas para empezar tu nueva oportunidad laboral en el mejor estado posible.

Recuerda que al ser humano le gusta la disciplina; a tu cuerpo y a tu mente le sientan bien los horarios y las rutinas.

Te invito a que, si estás ahora mismo en un proceso de búsqueda de empleo, dejes de leer el libro en este punto y hagas un ejercicio de responsabilidad. Coge tu agenda y encaja las franjas en las que vas a trabajar en este nuevo e importante trabajo. Tiene que ser algo sostenible en el tiempo; no te vengas arriba con dedicaciones voluntaristas ni te quedes demasiado corto.

Y, a continuación, negocia esto en tu entorno familiar: con tu pareja, tus amigos y todo aquel que pueda verse influido por tus antiguos hábitos sociales. Te ayudará acordar con los demás, los compromisos que adquieres contigo mismo.

Piensa en este viaje que inicias como si fuera una carrera del *tour*: se necesita a un ciclista bien entrenado, con reflejos, gran capacidad de resiliencia y muchas ganas de ponerse el maillot amarillo y, por tanto, de pedalear enfocado y sin descanso.

No podrás tener éxito si no te pones en marcha con disciplina, resiliencia, una buena actitud y una generosa sonrisa.

Atraer la abundancia

Tengo que reconocer que me encanta este concepto: para conseguir lo que deseamos es imprescindible que estemos dispuestos a concretar ese deseo. Piensa en algo que realmente quieres: un aumento de sueldo, conseguir un coche mejor, encontrar pareja, tener libertad financiera, etc. Quizás te haya pasado esa idea por la cabeza, pero rápidamente has desechado la posibilidad de conseguirlo: «Me gustaría esto, pero no puedo tenerlo», y ¿sabes qué? Que, por supuesto, no lo has conseguido. Sin ser consciente has generado un pensamiento de escasez, una creencia limitante que te ha alejado del objetivo.

Solo recibirás aquello que desees cuando modifiques tu manera de pensar, es decir, cuando digas: «Puedo tenerlo»; «Lo voy a conseguir» o incluso: «Ya lo he conseguido». Tus pensamientos tienen un enorme poder y se manifiestan en la realidad. Si quieres observar los pensamientos de otras personas, observa sus vidas; cada uno atrae lo que cree merecer.

Uno de mis clientes, Daniel, era un ejecutivo de cuentas en una pequeña firma de publicidad en Barcelona. A pesar de sus largas horas de trabajo y su dedicación, el reconocimiento y la compensación económica parecían siempre estar un paso adelante de él.

Su día comenzaba temprano, a las 7:00 h acudía al gimnasio, después un desayuno sencillo y llegaba a la oficina sobre las 9:00 h. Revisaba los correos electrónicos y se sumergía en la lectura de los últimos informes de la industria. Aunque su trabajo implicaba mucha creatividad y contacto con clientes, Daniel a menudo se encontraba inmerso en papeleos y reuniones interminables, lo que le dejaba poco espacio para la innovación.

En la oficina, Daniel era conocido por su ética de trabajo y su fiabilidad, aunque a menudo se sentía como si estuviera en una rueda de hámster, trabajando incansablemente pero sin avanzar realmente. Sus colegas admiraban su compromiso, a la vez que se preocupaban por su tendencia a asumir más trabajo del que podía manejar.

Fuera del trabajo, la vida de Daniel era bastante solitaria. No tenía pareja y sus padres, ya mayores, vivían en otra ciudad. A pesar de su rutina disciplinada y su enfoque en el trabajo, Daniel a menudo se encontraba reflexionando sobre el propósito y la dirección de su vida. Se preguntaba si la realización personal y profesional que tanto anhelaba era simplemente un sueño lejano. Su constante preocupación por el dinero y la seguridad económica lo había llevado a un estado de insatisfacción crónica, donde la abundancia parecía más una fantasía que una posibilidad real.

En ese estado, alguien le habló de mí y un día acudió a mi despacho. Daniel me dijo que se había dado cuenta de que necesitaba un cambio radical en su perspectiva y enfoque, pero que no sabía cómo abordar una transformación profunda tanto en su vida profesional como personal.

Su vida era un espejo de sus pensamientos: constantemente enfocado en lo que le faltaba, no en lo que podía alcanzar.

Me contó que, mientras sus colegas hablaban de inversiones y oportunidades, él revisaba su cuenta bancaria, suspirando por los números que no crecían. Cuando se imaginaba su futuro, no veía éxito o crecimiento; solo más de lo mismo. Esta mentalidad lo seguía como una sombra, impidiéndole ver las oportunidades que se presentaban ante él.

La historia de Daniel aplica para aquellas personas que se enfrentan al desempleo. Al igual que la mentalidad de Daniel se centraba en la falta de dinero, una persona despedida puede caer en la trampa de enfocarse únicamente en la falta de trabajo. Esta actitud crea una energía de desesperanza y estancamiento.

Sin embargo, hay otro camino. Si en lugar de enfocarte en la falta, eliges concentrarte en la búsqueda, las posibilidades se multiplican exponencialmente. Al igual que Daniel podría haber enfocado sus pensamientos en cómo aumentar sus ingresos, una persona sin empleo necesita dirigir su energía hacia la búsqueda activa de nuevas oportunidades.

Esta diferencia de actitud genera energías opuestas. Mientras que la mentalidad de escasez perpetúa el estancamiento, una mentalidad de abundancia abre con mayor facilidad nuevas puertas. Todo reside en el hecho de que cada cuestión contiene en realidad dos enfoques: te puedes centrar en lo que deseas o en la falta de lo que deseas. Y esa elección está en ti.

Después de varias sesiones de trabajo, eventualmente Daniel comenzó a pivotar ese patrón. Decidió cambiar su enfoque. Empezó a visualizarse teniendo éxito, invirtiendo y creciendo profesionalmente. Cambió sus lamentaciones por afirmaciones positivas y sus miedos por planes de acción. Y con este cambio, empezó a notar oportunidades que antes no veía.

Daniel aprendió que la verdadera abundancia comienza en nuestra mente. Tus pensamientos determinan tus actos, que a su vez determinan los resultados. Al cambiar nuestros pensamientos de escasez por los de abundancia, cambiamos nuestra realidad. Sea buscando dinero, trabajo o cualquier otra meta, el enfoque debe ser siempre hacia lo que deseamos alcanzar, no hacia lo que hemos perdido. Este aprendizaje, querido lector, te aportará muchas alegrías.

Evitar la kryptonita

Un programa de *coaching* ejecutivo te permite pensar y tomar consciencia de cómo actúas más allá de tus límites iniciales de pensamiento, así que te animo a abordar el siguiente ejercicio:

EJERCICIO

1. Define qué es para ti el éxito profesional

Descríbelo con tus palabras, tómate tu tiempo para aterrizar los conceptos y revisa lo que has escrito hasta quedarte satisfecho. Trata de ser concreto.

2. Con independencia del escenario actual, piensa: ¿qué es lo que no quieres y lo que sí quieres en tu vida profesional?

Crea dos columnas y ordena según tu criterio: en la de la izquierda lo que claramente deseas y en la de la derecha lo que no te quieres encontrar en el ámbito laboral. Ya trabajaremos más adelante el área de los grises, todos aquellos aspectos en los que hay cosas que puede que quieras o puede que no.

En mi metodología, con la que llevo trabajando muchos años, Coaching2seniors, incorporo las enseñanzas que Stephen Covey presenta en su extraordinario libro *Los siete hábitos de la gente altamente efectiva*. Y en especial me gusta introducir los conceptos de victoria privada y victoria pública para entender la necesidad de:

- Ser proactivo.
- Entender qué hay en tu círculo de preocupación e influencia.
- Aprender a gestionar y priorizar tu tiempo.
- Ayudar con generosidad.
- Practicar la escucha.
- Generar sinergias para influir en las relaciones y en los negocios.

Nuestras elecciones y respuestas ante los estímulos de la vida son muy poderosas. Y en ese espacio, entre la acción que genera un hábito y la reacción que genera tu comportamiento, radica nuestra libertad y nuestra capacidad de crecimiento.

En 1997, tuve la oportunidad de viajar a Los Ángeles (EE. UU.) y participar directamente en unas jornadas con el propio Stephen Covey como instructor. Fueron cuatro días que todavía hoy recuerdo porque me ayudaron a descubrir lo enormemente incongruente que había sido mi vida hasta entonces. Estoy convencida de que no he llorado tanto en mi vida como en aquella ocasión.

Empezamos trabajando con el conocido esquema de SER-HACER-TENER, y en aquellas jornadas entendí el abismo que existía en mi caso entre el HACER-TENER, que me tenía atrapada en una carrera sin fin, y el SER, en el que se hallaba mi verdadera esencia y la razón de mi existir.

¿Cómo era posible que, si mis hijos eran uno de los pilares de mi vida y el centro de lo que yo más quería en este mundo, les dedicara tan poco tiempo y resultaran relegados con tanta frecuencia a mi última prioridad del día? Carecía de tiempo para ir a buscarlos al colegio, acompañarlos con sus deberes, ir a ver cómo nadaban en la piscina o cómo jugaban al fútbol porque siempre tenía un compromiso profesional ineludible o estaba en un viaje de negocios. Eso sí, siempre había alguien que los acompañaba y los cuidaba. Y, por supuesto, nunca les faltaba el último juguetito de moda que acabara de salir al mercado.

¡Faltaría más! Aquello anestesiaba mi conciencia.

Pero tengo que confesarte algo: aunque regresé tocada por el autodescubrimiento, no fue hasta después de varios años cuando aquellas reflexiones modificaron realmente mi vida. La libertad de elección condiciona la respuesta y, si no tomas medidas —si no hay una voluntad sincera de cambio—, en poco tiempo todo continúa como estaba. Seguir pedaleando en terreno conocido es a menudo la opción más fácil, pero también la más cobarde.

Así que, cuando surjan circunstancias que supongan una epifanía en tu vida —uno de esos momentos críticos— que te llevan a descubrir el sentido de las cosas, bríndate la oportunidad de pararte a pensar:

- ¿Qué está pidiendo de mí la vida en esta situación?

- ¿Para qué me está pasando esto?

Y, del mismo modo, cuando salgas a buscar empleo, plantéate:

- ¿Qué hay en mí que permita influir en el entorno para encontrar una nueva oportunidad profesional?

En vez de pensar:

¿Qué hay fuera que favorezca que me llamen para ofrecerme un nuevo empleo?

La conducta y las acciones fluyen de nuestros paradigmas. No caigas en la tentación de culpar al determinismo de tus inacciones o de tus comportamientos. Es muy cómodo y conveniente, pero no es real. Con esto no quiero decir que la influencia de los factores exógenos no sea poderosa, pero ten siempre presente que eres libre de elegir lo que te sucede.

Cuántas veces he oído a mis clientes decir: «No se me da bien hablar en público porque...

- ... tengo el carácter débil que heredé de mi padre.

- ... en el colegio o en mi barrio me ridiculizaban.

- ... mi jefe era muy autoritario y consiguió minar mi autoestima.

Podemos admitir que estamos influidos por muchos factores exógenos, pero necesitamos ser conscientes de que no estamos determinados por ellos, de que la influencia y el determinismo están en las antípodas. Porque, entre ellos y ante cualquier estímulo, por negativo que parezca, siempre va a mediar nuestra libertad para elegir nuestra respuesta.

Durante todos esos años, la idea que más he repetido a mis clientes —porque deseo que se la graben a fuego— es esta:

Identifica un objetivo: algo que puedes y quieres hacer. Una visión de futuro que ofrezca valor aportando tu experiencia en una siguiente etapa para ayudar a alguien o a alguna causa.

Pasa a la acción. Porque cuando tenemos claro el objetivo nos sentimos empoderados y llenos de energía, entramos en un estado en el que la vida fluye y podemos conseguir todo lo que nos propongamos.

Así que, querido lector, cuando apuntes a la diana de tu nuevo objetivo profesional, te animo a que:

- Identifiques cuáles son los roles o actividades más atractivos para ti, alineados con tu propósito.
- Asumas el estado de una persona proactiva y confiada.
- Actúes en base a tus valores y tu personalidad.
- No rindas tu esencia y tu libertad a nadie.

Lidera tu destino y libérate de cualquier enganche emocional del pasado. Aprende a perdonar, olvidar y dejar ir el veneno emocional. Esos sentimientos son como la kryptonita: anulan tu capacidad de actuación y te debilitan, como le ocurría a nuestro querido superhéroe.

EJERCICIO
Capítulo 5

6

EXHIBE
TU TALENTO

Si no te ven, no existes

La primera impresión que me llevé de Guillermo el día que lo conocí no pudo ser mejor: un hombre inteligente, deportista, de aspecto elegante, buena planta, un estilo de comunicación directo y afable... Podías reconocer en él a una persona cultivada y de mundo.

«Bien —me dije— la primera capa de la cebolla la tenemos pulida. Vamos a empezar a bucear. Así que, desde la primera sesión, nos pusimos a repasar su currículum, porque es una manera bastante relajada de conocer la vida y la trayectoria de una persona. No hace falta ser una experta para reconocer los valores, los miedos o los rasgos que subyacen en la personalidad de alguien mientras te refiere los logros y las vicisitudes de su experiencia profesional. Entiendes fácilmente si tiene identificado su propósito de vida y si orienta con sentido sus «para qué».

Guillermo era hijo de una familia humilde y trabajadora que tenía varias pescaderías en Madrid. Desde niño, había visto a su padre levantarse a las tres de la madrugada para ir por género a Mercamadrid. Era un empresario del que dependían una docena de trabajadores y sus respectivas familias. Sabía lo que era la cultura del esfuerzo. Su padre y sus tíos pertenecían a una segunda generación de pescaderos que aspiraban a dar a sus hijos la oportunidad de acceder a unos estudios que les permitiesen una vida con más oportunidades profesionales y personales de las que ellos habían tenido.

Para Guillermo, su padre había sido un gran referente en su vida. Desde bien joven lo involucró en sus negocios: llevando la contabilidad o repartiendo el género entre las tiendas durante las vacaciones escolares. En su familia, no se estilaban grandes lujos, pero tampoco les faltó nunca de nada. Estudió en un buen colegio, con una educación religiosa basada en valores y asistió a una de las universidades privadas más reputadas de Madrid.

Cuando Guillermo alcanzó los 22 años, su padre enfermó de cáncer. Y, en cuestión de un par de años más, falleció. En aquel momento, Guillermo tuvo que tomar la primera decisión difícil de su vida: debía resolver si mantenía el trabajo que tenía entonces en una multinacional o si renunciaba a él para retomar el negocio familiar y mantener el legado de su padre.

La primera opción respondía al tipo de vida que su padre habría querido para él. Pero Guillermo también sentía la responsabilidad de sostener ese negocio que había levantado su familia con tanto esfuerzo. No sabía qué hacer y eso le quitaba el sueño. Sin embargo, a los pocos días, su madre le proporcionó la solución:

—No te preocupes más, hijo mío —le dijo—. Tu tío se hará cargo del negocio.

Suspirando al verse nuevamente liberado, Guillermo pudo seguir con su carrera por cuenta ajena, sin remordimientos.

En nuestra primera sesión, mi cliente me refirió esta historia —habían pasado veinte años desde entonces— y comenzamos a hablar de su situación actual y sus nuevos retos:

—Me han promocionado para ser el nuevo *regional manager* de la compañía en la zona de Asia con sede en Singapur. Necesito preparar muy bien esta nueva etapa, Camino —me anunció—. Estoy ilusionado, pero también algo abrumado por la responsabilidad que supone el reto. Fíjate: diferentes culturas, distintos idiomas, voy a tener a más de cincuenta profesionales directamente a mi cargo... Me encargaré del desarrollo de negocio en una región en plena expansión. Y, paradójicamente, no conozco nada del mercado asiático. Además, en el perímetro geográfico de mi responsabilidad, debo ocuparme de desarrollar los mercados de la India, Tailandia y Vietnam.

—¡Enhorabuena, Guillermo! ¡Qué bien suena ese desafío! —le dije mientras percibía ese brillo mezcla de ilusión y responsabilidad en su mirada—. Es un justo reconocimiento a tu valía, experiencia y trayectoria de todos estos años. ¿En qué crees que te podría ayudar?

—Pues mira, acudo a ti porque me gustaría diseñar muy bien mi nueva etapa profesional. Necesito prepararme para estar listo. Voy a liderar a un equipo internacional muy potente que tiene que reconocerme como su líder natural. De otra manera, mucho me temo que esto no funcionará. Nadie mejor que tú me podría ayudar a preparar esta nueva etapa —me dijo con amabilidad—. ¿Lo harás por mí?

—¡Por supuesto, Guillermo! ¡Lo haré encantada! —respondí yo.

¿Qué te hace especial?

En el viaje de redescubrimiento profesional, especialmente cuando se trata de talento *senior*, crear y nutrir una marca personal sólida es crucial. Este capítulo es un mapa para ejecutivos experimentados que se encuentran ante la necesidad de abordar una nueva experiencia para la que deben desplegar toda todas las capacidades y habilidades que llevan guardadas en sus inestimables mochilas.

El mero repaso de tu recorrido profesional es un tesoro de conocimientos y experiencias. Piensa en lo vivido en toda tu trayectoria: ¿qué historias de éxito puedes contar? ¿Qué crisis has superado? Identifica esos momentos en los que realmente brillaste y considera cómo pueden ser relevantes para los desafíos actuales en tu industria. Recordar tus logros trae al presente motivos de autoconfianza y empoderamiento.

Pero, para diferenciarte, para sobresalir, necesitas ir más allá del personaje; es preciso contar con una huella asociada a tu marca personal. Tu éxito profesional puede venir determinado por tus conocimientos y experiencias, pero tu plenitud profesional, la diferenciación, la alcanzarás por cómo seas tú como persona. Tu prestigio, tu reputación, tu proyección...; en definitiva, esa marca única, singular y memorable, es lo más importante, lo que tiene más valor, la que te puede abrir y cerrar puertas, la que prevalece y permanece en la mente, en el corazón y en el recuerdo de los demás.

Al inicio de tu carrera, se construye lentamente, en el día a día. Pero frisando los cincuenta, suele coincidir con el momento de la trayectoria profesional en el que más personas te conocen y te reconocen. Sienten respeto o admiración hacia ti, por tu trayectoria, y están dispuestas a recomendarte proactivamente o a respaldarte públicamente. Tu forma de ser y tu estilo de liderazgo dejan huella en las personas en las que te has apoyado y a las que has respaldado generosamente, con un interés sincero, durante sus vidas personales y profesionales. Por eso, conseguir que otros avancen, que les vaya bien, que alcancen sus objetivos, es garantía para conseguir los tuyos. Cuanto más atractiva y colaborativa sea tu forma de ser y trabajar, más sólida y potente será tu marca personal. Recuerda que ¡atraes lo que eres!

Céntrate en construir, reforzar y mantener siempre una buena marca enfocada en el servicio a los demás y busca esos pequeños detalles que marcan la diferencia. No necesitas hacer las cosas significativamente mejor que nadie; en lo que debes centrar tu energía es en hacer algo suficientemente mejor que el resto para diferenciarte. El agua cambia de estado con solo un grado de diferencia. En algunos deportes, las victorias se definen por milímetros o centésimas de segundo. Busca en los pequeños detalles la distancia entre lo ordinario y lo extraordinario; en ese sutil umbral estará tu marca personal.

Una cita de Kurt Cobain, músico, compositor y vocalista de la mítica banda Nirvana, decía: «Se ríen de mí porque soy diferente. Yo me río de ellos porque son todos iguales». No te limites a ser competente: busca la excelencia, no te conformes con menos, supera las expectativas y ofrece ese valor único que solo tú puedes aportar, ese que te hará brillar y atraerá la atención como si fueras un objeto brillante.

Impacta al estilo Netflix

Una marca personal fuerte y singular es una herramienta poderosa para cualquier ejecutivo *senior*; no solo mejora tu visibilidad y atractivo en el mercado laboral, sino que también enriquece tus relaciones y te posiciona como un líder influyente y respetado. En una era donde la autenticidad y la singularidad son cada vez más valoradas, desarrollar y mantener una marca personal coherente y convincente es esencial para cualquier profesional que busque destacar y tener éxito en su campo.

Después de trabajar con numerosos profesionales, he podido percibir que aquellos que han conseguido generar una huella reconocible en el mercado han disfrutado de algunos de estos beneficios:

- Ha mejorado su capacidad de influencia. Si desarrollas una marca personal fuerte y única, mejoras significativamente tu capacidad para influir y seducir en las interacciones profesionales, especialmente en las entrevistas de trabajo. Si quieres generar atracción y que te presten atención, transmite positivismo e ilusión. Te voy a dar una regla de oro que debes considerar, en especial, durante cualquier entrevista: transmite siempre y en cualquier circunstancia que estás en un momento ideal vital y profesionalmente, muestra confianza, agradecimiento y alegría de vivir, eso siempre seduce. Cómo te presentas y expresas va a decir mucho de ti.

- Ha generado confianza. Si tienes facilidad para conectar con las personas, despiertas de manera natural el interés de los demás hacia ti. Al presentarte como alguien con una historia única y valiosa, facilitas la creación de un clima de confianza y credibilidad. Esta conexión genuina favorece tu posición en cualquier proceso de selección, ya que los reclutadores y empleadores buscan no solo habilidades y experiencia, sino también personalidades que encajen y enriquezcan su cultura empresarial. Tu marca personal se convierte en un puente entre tu experiencia pasada y las necesidades y los objetivos de la empresa, lo que te coloca en una posición ventajosa. Inspira confianza en tu capacidad para aportar un valor significativo a su organización y disiparás las dudas.

- Ha potenciado el impacto emocional. En cada interacción que tengas, sea una entrevista, una reunión de *networking* o incluso un evento social, vas a generar emociones que dejarán huella en tus interlocutores. Este recuerdo emocional positivo aumenta la probabilidad de que los reclutadores y otros profesionales de tu red te tengan presente y puedan considerarte para oportunidades futuras. Habla con naturalidad, sencillez, cercanía, humildad y rigor. Interésate sinceramente por las necesidades de los demás y comparte esa información que puede ayudar a tu interlocutor. Así, al ser recordado favorablemente, tus posibilidades de ser recomendado o referido a terceros se incrementan significativamente, abriéndote puertas a nuevas oportunidades que de otra manera podrían haber permanecido cerradas.

- Se ha convertido en un imán. Si sabes cómo hacerte visible construyendo discursos de valor y generando opiniones fundamentadas, te conviertes en un imán para atraer a las personas y las oportunidades adecuadas a tu vida. Esto implica que tu red de contactos va a crecer de manera orgánica, atrayendo a otros que estén alineados con tus mismas opiniones y posicionamiento. Una marca personal fuerte actúa como un filtro, atrayendo conexiones valiosas y disuadiendo aquellas que no se alinean con sus objetivos y puntos de vista. Este magnetismo facilita el proceso de armar redes de contacto sólidas y significativas, herramienta fundamental para el éxito en el competido mundo empresarial actual.

- Ha potenciado sus relaciones interpersonales. Si tienes una comprensión clara de tu identidad y de lo que representas, puedes articular tus pensamientos y opiniones de manera más convincente. Esto es crucial en situaciones como negociaciones, presentaciones y al abogar por cambios o innovaciones dentro de una organización. Tu habilidad para influir en otros se basa en la confianza, la honestidad y el respeto que generas, elementos fundamentales de una marca personal efectiva. Una marca personal bien definida y auténtica no solo mejora tus relaciones profesionales, sino también las personales. Al ser coherente en tus interacciones y fiel a tus valores, atraes y mantienes relaciones que son enriquecedoras y alineadas con tu visión personal y profesional. Esto crea una vida más plena y satisfactoria, ya que te rodeas de personas que respetan y valoran tu autenticidad, lo que favorece los entornos de trabajo armoniosos y productivos.

Prepara la siguiente etapa

Mientras avanzábamos con el programa, Guillermo iba preparando la logística de su desplazamiento a Singapur. Nos encontrábamos en plena etapa pospandemia, por lo que la gestión administrativa y sanitaria para permitir un traslado a esa parte del mundo era bastante complicada. Decidieron que primero viajaría él y, unos meses más tarde, lo haría su familia. Tendría que estar confinado en un hotel durante varias semanas, sin contacto personal con nadie más allá del propio servicio de habitaciones.

Las condiciones de arranque en su nuevo destino iban a ser realmente duras y además desconocía a los directivos que formarían parte de su equipo directo. Eso me reconocía que le generaba cierta ansiedad.

Siguiendo mi metodología de trabajo, le propuse hacer uno de los conocidos ejercicios de Covey:

—Guillermo, imagina dos círculos concéntricos —le dije—. Al exterior le vamos a llamar círculo de preocupación y al interior círculo de influencia.

—Guillermo, imagina dos círculos concéntricos. Al exterior le vamos a llamar círculo de preocupación y al interior círculo de influencia. Ahora piensa, de todas las cosas que son importantes para ti y te generan preocupación, ¿sobre cuántas no gozas de capacidad para alterarlas? —le pregunté y te pregunto a ti—. Y, por el contrario, ¿qué otras cosas te preocupan igualmente, pero en estos casos sí puedes realmente influir en ellas?

Guillermo contestó enseguida:

—Es fácil: sobre la pandemia y las condiciones de mi traslado no puedo hacer nada. Sin embargo, sobre crear iniciativas para conocer y relacionarme con el equipo de Asia con el que voy a trabajar, creo que sí podría intervenir y plantear alternativas.

Las personas proactivas enfocan su energía en su círculo de influencia, mientras que las personas reactivas se centran en el círculo de preocupación y se ven a sí mismas como víctimas de las circunstancias.

—¿Qué podrías hacer para conocer a los directivos que van a estar a tu cargo? —le pregunté.

—No lo sé; estaré encerrado en un hotel y no podré verlos —respondió él.

—Entonces, ¿cómo te vas a relacionar con ellos?

—Pues no lo sé.

—Piensa —insistí.

—Podría proponer algunas videoconferencias, primero individuales y después colectivas, para ir generando *engagement* con ellos —planteó.

—¡Excelente! —aplaudí—. Eso te permitirá ir conociéndolos y que te conozcan.

—¡Exacto! —exclamó él contagiándose de mi entusiasmo—. Así podré ir entendiendo cuáles son sus preocupaciones y me servirá para empezar a aterrizar las estrategias de desarrollo de negocio en los distintos países.

Se sentía ilusionado por hacer un buen trabajo en su nuevo rol. Y eso se le notaba en su actitud.

Semanas después, ya había organizado una agenda que incluía sesiones periódicas de trabajo, tanto individuales como colectivas. La barrera que *a priori* parecía infranqueable —por no poder conocer en persona al que iba a ser su equipo— había desaparecido de un plumazo. Y lo mismo hizo con su jefe: le pidió empezar a generar reuniones para preparar su aterrizaje en la región. Aquellas sencillas iniciativas le propiciaron una agradable sensación de control.

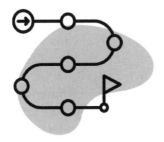

La adaptación al cambio

La manera en la que hoy entendemos y experimentamos el trabajo está siendo profundamente transformada por la evolución de la tecnología. En medio de los desafíos y las dificultades a los que nos enfrentamos, hemos tenido la oportunidad de reflexionar sobre la importancia de equilibrar nuestras vidas y de reinventarnos para encontrar nuevas oportunidades laborales.

La tecnología nos está enseñando la importancia de flexibilizar nuestros trabajos y adaptarnos a nuevos modelos de actividad. El teletrabajo se ha convertido en una realidad cotidiana para muchos de nosotros, brindándonos la posibilidad de realizar nuestras labores conciliando mejor desde la comodidad de nuestro hogar. Esta oportunidad ha potenciado nuestra capacidad productiva y demostrado que no siempre es necesario estar físicamente presentes para cumplir nuestras responsabilidades. Y eso se puede hacer extensivo a todo: a nuestros clientes, a nuestros equipos de trabajo, a nuestras dinámicas formativas e, incluso, a algunas actividades relacionadas con el ocio.

Yo misma, te confieso, que asisto a más formaciones *online* que nunca. Tengo un grupo con los que semanalmente comparto una sesión de *batch cooking*, asisto a una sesión de meditación grupal a las siete de la mañana, cada día me divierto haciendo ejercicio con un entrenador personal vía Zoom un par de días a la semana... Antes de que irrumpiera la tecnología en nuestras vidas, sencillamente se nos antojaba imposible sacar tanto tiempo para acudir a tantos compromisos de manera presencial.

Sin embargo, también hemos aprendido que la falta de límites entre el trabajo y la vida personal puede generar un desequilibrio perjudicial. La flexibilidad del teletrabajo puede ser una bendición, pero también puede llevarnos a estar constantemente conectados, sin descansar adecuadamente. No podemos obviar la necesidad de establecer límites claros y de encontrar un equilibrio que nos permita disfrutar de tiempo de calidad con nuestros seres queridos, cuidar de nuestra salud y tener momentos de desconexión para recargar las pilas.

Para los ejecutivos que buscan reinventarse y encontrar nuevas oportunidades de empleo, la tecnología ha representado un desafío sin precedentes. La incertidumbre económica y la transformación en los modelos de negocio exigen una adaptación constante. Es el momento de abrir nuestra mente a nuevas posibilidades y explorar áreas emergentes en el mundo laboral, porque te aseguro que hay muchas. En mi actividad como *headhunter*, nunca nos habían planteado posiciones sin considerar la localización geográfica del candidato. Incluso la manera de realizar el proceso de selección es completamente diferente. Por ejemplo, las entrevistas iniciales de cualquier proceso de búsqueda ya no son presenciales, incluso en las posiciones más top, ahora se realizan mediante videoconferencia. Y, hasta que no se avanza en el proceso, no se suele entrevistar cara a cara a los finalistas.

En este nuevo escenario, necesitamos identificar a personas que abracen la diversidad y la apertura a nuevas experiencias, que agreguen valor y favorezcan el crecimiento, que hayan desarrollado una mentalidad resiliente y cultivado habilidades de adaptación al cambio, porque todas se han convertido en competencias esenciales para afrontar y aprovechar las oportunidades en esta nueva era digital.

En conclusión, la tecnología ha servido de catalizador para reflexionar sobre la importancia de equilibrar nuestras vidas y ver cómo podemos reinventarnos para encontrar nuevas oportunidades de empleo. A medida que transitamos por estos tiempos de cambio, es fundamental estar abiertos a nuevas experiencias, adquirir nuevas habilidades y explorar nuevas áreas que nos permitan crecer y prosperar en el disruptivo mundo laboral.

Las claves del talento *senior*

En la sociedad actual, el edadismo, o discriminación por edad, sigue siendo un desafío. Antes ya vimos qué aspectos debías tener en cuenta para conseguir una marca personal fuerte, pero ahora vamos a ver las objeciones que necesitas trabajar si eres un talento *senior* de más de cincuenta y te quieres posicionar en el mercado laboral. A menudo, los empleadores asumen que los trabajadores mayores carecen de la adaptabilidad necesaria para aprender nuevas habilidades. Existe la percepción errónea de que están menos familiarizados con la tecnología y no pueden trabajar tan eficientemente y con la misma energía que sus colegas más jóvenes.

Los prejuicios sobre los profesionales mayores de cincuenta a menudo generan una discriminación real. A pesar de tener una amplia experiencia y habilidades bien desarrolladas, pueden ser desestimados en favor de candidatos más jóvenes, que son percibidos como más moldeables o con un enfoque más digital. Y, por supuesto, la brecha salarial puede ser otra barrera de discriminación, ya que los empleadores pueden ser reacios a pagar el salario que corresponde a la experiencia y las habilidades de un trabajador más *senior*.

Por eso, la regla básica del posicionamiento para este colectivo es ser únicos y diferenciales: solo puedes esperar resultados extraordinarios cuando te alejas de lo ordinario.

En este sentido, vamos a repasar siete estrategias clave para diferenciarte y potenciar tu marca personal cuando eres un talento *senior*:

- Reconoce tu valor. Como ejecutivo, tu trayectoria profesional es un testimonio de tu habilidad para superar desafíos, adaptarte a cambios y liderar con eficacia. Reconocer y valorar tus años de experiencia implica entender que cada proyecto pasado, cada decisión tomada y cada crisis manejada han contribuido a un vasto repertorio de habilidades y conocimientos. Este bagaje es tu activo más valioso en el mercado laboral. No lo subestimes ni lo compares con las trayectorias de profesionales más jóvenes. En lugar de ello, enfócate en cómo tu experiencia puede traer una perspectiva única y valiosa a cualquier rol. Esta autovaloración no solo fortalece tu confianza, sino que también te posiciona como un candidato que aporta experiencia, riqueza de conocimientos, estabilidad y compromiso, características altamente valoradas por muchas organizaciones.

- Diferénciate. Céntrate en poner en valor lo que haces mejor que nadie. La especialización es la clave para destacar en un mercado laboral saturado. Con años de experiencia, es más que probable que hayas desarrollado habilidades únicas o un conocimiento profundo en áreas específicas. Concéntrate en esas fortalezas que responden a situaciones que solo tú has vivido y exhíbelas.

  Seas especialista en la gestión de crisis, en integración de compañías, en la innovación de procesos, en la transformación digital o en cualquier otro nicho, haz de eso tu bandera. Presenta casos en los que tu contribución haya sido crucial para el éxito de la situación o del proceso, momentos en los que hayas aportado soluciones innovadoras y hayas liderado los recursos del entorno hasta conseguir los objetivos. Al posicionarte como experto en un área concreta, te haces relevante, y esto te diferencia de otros candidatos que pueden tener un enfoque más generalista o conceptual.

- Comunica con autoridad. La comunicación con carisma es esencial para un ejecutivo *senior*. No solo se trata de lo que dices, sino también de cómo te expresas. Tus palabras deben reflejar la profundidad y amplitud de tus vivencias y de tu experiencia. Esto significa hablar con seguridad, ofreciendo ejemplos concretos de logros y lecciones aprendidas.

- Además, trata de evidenciar coherencias. Tus acciones deben estar alineadas con tus palabras. Ser un líder que inspira confianza y respeto a través de decisiones bien fundadas y un liderazgo efectivo no solo aumenta tu credibilidad, sino que también refuerza tu marca personal y profesional: te establece como un referente en tu campo.

- Conoce las tendencias de tu industria. Mantente actualizado sobre el momento que vive tu sector. En un mundo que cambia rápidamente, estar al día para poder hablar con propiedad sobre la visión, los retos y las amenazas del mercado es esencial para tener credibilidad. Entiende cuál es la hoja de ruta de tu industria y cuáles serán los próximos desafíos, sean tecnológicos, nuevos marcos regulatorios, cambios en la demanda o la transformación de hábitos del consumidor, etc.

  La actualización continua muestra compromiso con el aprendizaje y adaptabilidad, cualidades esenciales en cualquier profesional, independientemente de su edad. Puedes hacer esto asistiendo a conferencias, participando en redes profesionales, leyendo publicaciones, etc. Los eventos *online* también favorecen la autoformación. Mantenerte actualizado no solo enriquece tu perfil profesional, sino que también te permite aportar ideas frescas y relevantes en tu búsqueda de trabajo.

- Crea una red de contactos valiosa. Conéctate con profesionales de diferentes generaciones y ámbitos. Una red de contactos diversa y potente es un recurso inestimable. No limites tus relaciones a colegas conocidos que suelen ser de tu misma edad o industria; amplía la red para incluir a profesionales más jóvenes, de diferentes sectores y especialidades diversas.

  Esto no solo te expone a nuevas ideas y perspectivas, sino que también te ofrece oportunidades para colaboraciones, mentorías y posibles oportunidades de empleo. Recuerda que el *networking* efectivo es un intercambio; ofrece tu experiencia y tu conocimiento a otros mientras aprendes de ellos. Las conexiones que forjas pueden ser la clave para tu próximo reto profesional.

- Ofrece tu mentoría. Tu experiencia también te coloca en una posición única para guiar y aconsejar a otros profesionales. La capacidad de acompañamiento es una de las mayores fortalezas de un ejecutivo *senior*. Ofrecer mentoría no solo es gratificante a nivel personal, sino que también te posiciona como líder y experto en tu campo.

La mentoría puede adoptar muchas formas, desde posiciones de *interim management*, donde se trabaja por proyectos con objetivos definidos en un plazo determinado, hasta el asesoramiento puntual a colegas y compañeros en momentos complejos donde te requieren por tus vivencias. Al compartir tus conocimientos, no solo ayudas a otros a crecer, sino que también fortaleces tu propia marca personal como un líder generoso y cercano.

- No pierdas tu esencia. Y por último no olvides que tu autenticidad es tu mayor fortaleza. En un mundo donde lo genuino escasea, mostrar tu esencia te distingue. Esto significa ser fiel a tus valores, creencias y propósito. Tu personalidad te hace verdadero y confiable. No tengas miedo de mostrar tus verdaderas pasiones, tus lecciones aprendidas y tus verdaderas opiniones.

Al ser auténtico, atraes a aquellos que valoran y buscan tu singularidad, lo que te lleva a roles y oportunidades que son verdaderamente adecuados para ti. Tu autenticidad es el sello distintivo de tu marca personal y es lo que te hará atractivo, deseable y valorado en el mercado laboral.

———

Potencia tu liderazgo. Comparte
tu experiencia para guiar y fortalecer
a otros profesionales, consolidando
tu reputación y liderazgo.

La clave para diferenciarte no es ser el mejor en todo, sino ser único en lo que haces. Esa singularidad es lo que te hará inolvidable en un mercado laboral lleno de candidatos competentes pero similares. Enfócate en tu marca personal, celebra tu experiencia y utiliza tus habilidades personales para crear un impacto duradero. Recuerda que la diferenciación no será fácil si te enfocas en lo que sabes; para dejar huella necesitas poner el alma, y eso lo encuentras en las batallas que has vivido, tanto si las ganaste como si no.

La otra cara de la moneda

Durante aquellas semanas que trabajamos intensamente en el programa antes del traslado de Guillermo a Asia, aprovechábamos los descansos para confiarme ideas de negocio que analizaba para valorar nuevas opciones como inversor.

Recuerdo una idea para la distribución de unas algas potabilizadoras de agua de mar, unas cúpulas para cubrir las piscinas en invierno o unos autobuses medicalizados como consultorios asistenciales móviles.

—Podrían localizarse en las puertas de los geriátricos o de los colegios para atender a los ancianos o a los niños —me contaba ilusionado.

Eran oportunidades de invertir en negocios que respondían claramente a esa vocación emprendedora que tenía latente, pero en la que no se atrevía a adentrarse.

—Y ¿por qué no montas tu propio negocio? —le pregunté por fin.

—Algún día lo haré —me dijo ufano—. Sé que llevo dentro el mismo espíritu emprendedor que tenían mi abuelo, mi padre y mis tíos. Pero, de momento, me debo a mi profesión. Es por lo que he luchado desde siempre y, ahora que estoy llegando arriba, no es el momento de tirar la toalla.

—¿Por qué entiendes que montar tu propio negocio sería tirar la toalla? —quise saber.

—Un negocio siempre tiene riesgo, te juegas tu capital y los que te rodean no siempre van a estar de acuerdo con esa opción —me explicó él—. Sobre todo, siento una gran responsabilidad por mis hijos.

—Pero tu padre tenía su propio negocio y os pudo dar una excelente educación, ¿no es así? —retruqué yo.

—Efectivamente, así fue —concedió—. Ahora juego en la liga de las grandes multinacionales, pero creo que algún día, cuando el trabajo por cuenta ajena ya no me resulte tan atractivo, me lo podré plantear.

Guillermo tenía las capacidades y la vocación de emprender, pero, como en otros muchos casos de clientes con los que he trabajado, no se permitía tomar el timón de su propio barco. Lo cierto es que, muchos directivos, a pesar de tener unas magníficas habilidades comerciales, financieras, organizativas y de gestión, frecuentemente no suelen concederse la oportunidad de emprender y ser los dueños de su destino. Pesa más la aversión al riesgo.

Solemos creer que estamos más seguros porque viajamos en un transatlántico. Lo sé bien porque también fue mi caso. Hasta que el capitán del barco decide que ya no continúas la travesía y te dejan en un bote flotando a la deriva. Y es entonces, mientras remas y remas tratando de arribar a algún puerto, cuando realmente entiendes que esa decisión nunca estuvo en tu famoso círculo de influencia.

Capitán de tu propio barco

Ni te imaginas la cantidad de Guillermos que pasan por mi despacho... Profesionales con años de reputadas capacidades y verdadera vocación de emprender pero que, por hache o por be, no se permiten dar un paso al frente y tomar el timón de su propio barco.

Te hablo de directivos que, tras años y años de devota entrega a una corporación, han sido despedidos. Llegan a mi despacho quejándose de que las grandes empresas han dejado de ver esas fantásticas cualidades en ellos. Pero, paradójicamente, ellos mismos también permanecen ciegos ante sus dones y talentos largamente cultivados, hasta el punto de que, con más frecuencia de lo que sería deseable, no suelen concederse la oportunidad de emprender sus propios negocios.

Antes de continuar en la tercera y última parte de mi obra, en la que veremos las claves para reubicarte en el entorno laboral por cuenta ajena, quisiera invitarte a realizar una parada técnica, de reflexión. Puede que sea la última que tengas antes de abordar lo que nos resta de camino, así que lee el próximo QR en los ejercicios de este capítulo y reserva una sesión estratégica para hablar de tu futuro juntos.

EJERCICIO
Capítulo 6

7
SIN LÍMITES

Nunca digas nunca jamás

Era un luminoso y vibrante día en Madrid, uno de esos en los que la ciudad parecía palpitar con una energía especial. Yo asistía, acompañada de una buena amiga, a la Fashion Week, un evento que siempre me ha fascinado por su despliegue de creatividad y elegancia. Estábamos emocionadas por ver el desfile de un reconocido modisto cuyo talento en el mundo de la moda era tan impresionante como su fama. Lo que no sabía era que ese día conocería a Laura, cuya historia me influiría profundamente.

El ambiente en la Fashion Week era electrizante. Las modelos desfilaban con una gracia y una confianza en sí mismas que era casi hipnótica, cada una llevando diseños que parecían contar su propia historia. Los tejidos fluían y brillaban bajo las luces de la pasarela y cada paso de las modelos era seguido por los clics sincronizados de las cámaras. La música, moderna pero armoniosa, complementaba perfectamente la atmósfera del evento.

Fue durante el cóctel posterior al desfile cuando mi amiga me presentó a Laura. Su sobrino era el modisto que acabábamos de aplaudir en la pasarela. Laura, con una elegancia natural y una sonrisa cálida, compartió con nosotros su pasión por la moda y su admiración por el trabajo de su sobrino. En un momento de la conversación, reveló que recientemente había perdido su trabajo en una empresa de cosmética. Su sinceridad y apertura me impulsaron a ofrecerle mi ayuda como *coach* de reorientación profesional.

Convinimos en realizar una sesión para explorar su situación y estudiar de qué manera podía asistirla. Aunque el entorno era de *glamour* y celebración como aparentan estos eventos, la conversación con Laura me recordó que detrás de las apariencias a menudo hay historias de lucha, adaptación y resiliencia mucho más terrenales, como la que estaba viviendo ella en esos momentos.

La velada culminó con una visita al *backstage*, donde pudimos apreciar de cerca el frenesí y la precisión que conlleva un evento de moda. Entre diseñadores ajustando los últimos detalles, modelos que se deslizaban entre bastidores y maquilladores y estilistas en un constante ir y venir, ese entorno era un mundo en sí mismo, lleno de creatividad y trabajo duro.

Aquella experiencia, combinada con la oportunidad de conocer a Laura y escuchar su historia, me dejó una profunda impresión. Me recordó que, al igual que en la moda, donde cada pieza tiene su lugar y cada diseño su momento, en nuestras carreras profesionales también hay momentos de cambio, de reinvención y de nuevos comienzos. Y en esa Fashion Week en Madrid, mientras la moda celebraba su presente y futuro, yo me encontraba al inicio de un viaje para ayudar a Laura a rediseñar el suyo.

Cuando tuvimos nuestra primera sesión de trabajo, Laura, con sus 55 años, me explicó que, como química de carrera, su trayectoria había sido impecable, siempre trabajando para grandes multinacionales.

Los últimos quince años fue responsable de innovación y calidad en una empresa de cosmética de lujo. Desempeñaba su rol con una mezcla única de precisión científica, creatividad y una comprensión profunda de las tendencias del mercado. Tal como ella lo contaba, su trabajo era el centro donde la ciencia se encontraba con el arte y donde la calidad era la piedra angular sobre la que se construía la reputación de la marca.

En su labor diaria, Laura dirigía un equipo de destacados químicos y desarrolladores de nuevos productos. Juntos, indagaban en las últimas tendencias de la ciencia cosmética y evaluaban componentes novedosos. Su estrategia tenía dos frentes: primero se enfocaban en diseñar fórmulas no solo efectivas, sino también únicas y sostenibles; segundo, se esmeraban en asegurar que cada nuevo producto reflejara la esencia y el lujo característicos de la multinacional para la que trabajaban.

La creatividad desempeñaba un papel crucial en su proceso de trabajo. Laura pasaba horas estudiando las tendencias actuales del mercado, comprendiendo las necesidades cambiantes de los consumidores y anticipando lo que estos desearían a continuación. Esta comprensión le permitía guiar a su equipo en la creación de productos innovadores que, además de satisfacer todas las expectativas de los clientes, también los sorprendían y los fidelizaban con la marca.

—¿Y en qué pones más el foco cuando trabajas? —quise saber para entender más acerca de sus habilidades e intereses.

—La calidad es una obsesión no negociable —replicó.

Laura me contó que implementaba rigurosos controles de calidad en cada etapa del proceso de fabricación del producto. Desde la selección de materias primas hasta las pruebas con usuarios potenciales, cada paso era supervisado minuciosamente para garantizar que las fórmulas fueran rigurosamente replicadas en cada centro de producción. Ella me explicaba con pasión que, en el mercado de la cosmética de lujo, incluso el más mínimo error o descuido podía ser fatal para la imagen de la marca.

—¿Y cómo consigues garantizar eso con tantas personas involucradas en tantos centros? —En ese punto me interesaba conocer su estilo de liderazgo y sus capacidades de supervisión de equipos.

—Mis equipos —continuó explayándose una Laura orgullosa de sí misma— llevan a cabo pruebas exhaustivas, incluyendo estudios de estabilidad para asegurar que los productos mantendrán su calidad y eficacia bajo diversas condiciones de almacenamiento y uso. También se realizan pruebas dermatológicas para garantizar que los productos sean adecuados incluso para los tipos de pieles más sensibles.

Aunque las responsabilidades de Laura se centraban en el laboratorio, su vocación la llevaba a involucrarse en aspectos relacionados con la comercialización de nuevas líneas de productos cosméticos y la exploración de nuevos mercados. Colaboraba estrechamente con los departamentos de Marketing y Ventas para alinear los lanzamientos de productos con las estrategias de la marca en el exigente mercado de la cosmética de lujo.

—¿Sabes, Camino? En el pasado, mi proactividad siempre me dio buenos resultados. Gracias a mi interés por involucrarme en todo el proceso, conseguí algunos ascensos relevantes en mi carrera. Es una industria muy especializada, por eso no puedo digerir la noticia de mi despido. Me resulta inexplicable que trasladen a una persona más joven desde los laboratorios de París para ocupar mi puesto. Ha sido un golpe devastador.

El anuncio había tomado por sorpresa a Laura, quien no podía evitar sentirse indignada y traicionada. La confianza que había depositado en su empresa, durante tantos años, le generaba una desagradable sensación de injusticia y traición. También le preocupaba su familia, especialmente sus hijas adolescentes, pensaba que podían sentir que su madre había fracasado y ella siempre había querido ser un modelo personal y profesional para ellas.

—¿Qué van a pensar al saber que he sido reemplazada por alguien más joven? —me decía.

Sin embargo, en poco tiempo, Laura comenzó a aceptar su nueva realidad. Se dio cuenta de que este podría ser el comienzo de un nuevo capítulo en su vida profesional, uno que le permitiera redescubrirse y reinventarse. Así que Laura, con determinación, comenzó a buscar nuevas oportunidades y, superando sus temores y dudas sobre el posible impacto reputacional que ella consideraba haber sufrido, se puso en marcha. Todavía tenía su corazón herido, pero sabía que debía actuar, así que nos pusimos a preparar un mensaje de posicionamiento con el que se sintiera cómoda.

—Necesito que me acompañes, Camino. Te aseguro que por mi lado no vas a tener motivo de queja —me confesó guiñándome un ojo.

Durante las siguientes sesiones, revisamos juntas su currículum, actualizamos su perfil en LinkedIn y ella comenzó a contactar activamente con su red de contactos profesionales y personales.

Fue aquí donde su historia dio un giro positivo. Un antiguo jefe, con el que había mantenido una buena relación, recordaba su competencia y dedicación. Al enterarse de su situación, no dudó en recomendarla para una posición en una empresa emergente en el sector de la cosmética natural, una industria que Laura siempre había querido explorar. Además, varios excompañeros que la recordaban por su ética de trabajo y habilidades durante años pasados también la respaldaron ampliando su red de referencias.

Un día, Laura recibió una llamada. Era la candidata elegida y le ofrecían una oferta de trabajo en una nueva empresa, un puesto que, además de valorar su experiencia en el mundo de la cosmética, también le brindaba la oportunidad de liderar un equipo especializado en el desarrollo de productos cosméticos derivados del aceite de oliva virgen extra. La alegría y el alivio que sintió fueron inmensos. No solo había encontrado un trabajo, sino también una oportunidad que resonaba profundamente con sus valores sobre la sostenibilidad y el medioambiente, no podía ser más feliz.

La experiencia de Laura es testimonio de la importancia de la resiliencia, la necesidad de pasar a la acción y el valor de la gestión de una red de contactos sólida. A través de su historia, podemos entender cómo pueden abrirse puertas a nuevas y emocionantes oportunidades profesionales si te pones en marcha con intensidad y con la mentalidad adecuada para acallar esa voz interior que lo va a cuestionar todo y que, con demasiada frecuencia, te conduce al autosabotaje.

Reintentándolo sin miedos

Suelo empezar mis programas de reorientación de carrera invitando a mis clientes a que lean el inspirador libro de Sergio Fernández titulado *Vivir sin miedos*.

El miedo disminuye la creatividad, la capacidad de adaptación a los cambios y nuestra visión de futuro. El miedo no motiva, anula nuestra inspiración y, además, por si fuera poco, según ha demostrado Michela Gallagher, de la Universidad John Hopkins, cuando tenemos miedo, envejecemos antes.

Un despido, en una cultura latina como la nuestra, a menudo genera reacciones viscerales: miedo al qué dirán, miedo al rechazo, miedo a la soledad, miedo a no encontrar un nuevo empleo...

La necesidad de sentirnos aceptados basa el foco de nuestra valía personal en el TENER. Por eso, tras un despido, nos sentimos desnudos y vulnerables, sin entender que nuestra identidad rea, como ya comentamos antes, reside en el SER. Si tras un despido nuestra seguridad quedara intacta, si asumiéramos que seguimos siendo la misma persona, veríamos que, en realidad, no deberíamos tener nada que temer.

De hecho, existe una máxima casi universal: «Tras un despido, todo el mundo sale adelante». Puedes perder algunas plumas, puedes tardar más o menos, pero siempre vuelves a salir a jugar. Así pues, aunque sea una situación no deseada, es también una gran oportunidad para trabajar en ti mismo y en tu futuro. Puede ser incluso un regalo, una señal para romper con patrones que llevabas asumiendo mucho tiempo y que ya no te hacían feliz.

No cabe duda de que se sufre cuando se vive el duelo de un despido. Al fin y al cabo, casi todos los profesionales *senior* lo hemos experimentado alguna vez. Pero la manera con la que afrontas la búsqueda, la eficiencia con la que gestionas tu red de contactos y la constancia darán sus frutos.

«Aprendí que el coraje no es la ausencia de miedo, sino el triunfo sobre él. El valiente no es el que no siente miedo, sino el que vence ese temor».

Nelson Mandela

Así que, si estás viviendo una situación complicada, querido lector, toma las riendas de tu futuro con responsabilidad, reafirma tus valores y ponte en marcha consciente de que en ti radica el poder de cambiar cualquier cosa.

La ruta dorada hacia el éxito

Existe una teoría que se le atribuye a Jim Rohn que afirma que «eres el promedio de las cinco personas con las que más te relacionas». Esto sugiere que las influencias más cercanas en nuestras vidas tienen un efecto significativo en quiénes somos y en cómo nos comportamos.

La premisa central de esta teoría habla de que nuestros comportamientos, actitudes, creencias; incluso nuestro éxito profesional y personal está fuertemente influenciado por nuestro entorno social inmediato. Por ejemplo, si estamos constantemente rodeados de personas que demuestran comportamientos positivos —como la perseverancia, la empatía y el optimismo—, es probable que estas actitudes se reflejen en nosotros a través de la activación de nuestras neuronas espejo. Por otro lado, si nuestro círculo cercano exhibe actitudes negativas o destructivas, también podríamos adoptar inconscientemente esos patrones.

Las personas con las que interactuamos regularmente —amigos, colegas— no solo afectan a nuestras decisiones y perspectivas diarias, sino que también moldean nuestros valores y aspiraciones a largo plazo. Por ejemplo, si te rodeas de individuos ambiciosos, con carreras exitosas y actitudes positivas, indirectamente vas a modelar conductas y actitudes exitosas. Las neuronas espejo, en este contexto, facilitan el aprendizaje y la adopción de esas actitudes y habilidades profesionales observadas. Por el contrario, si tu círculo cercano prioriza el ocio y otros intereses más relajados, es posible que adoptes una visión menos exigente de la vida profesional.

En el plano personal pasa lo mismo: el entorno familiar y las relaciones cercanas influyen en nuestros hábitos, desde la salud y el bienestar hasta las finanzas y el crecimiento personal. Un estudio publicado en el *New England Journal of Medicine* reflejaba que, si un amigo se vuelve obeso, aumenta en un 57 % la probabilidad de que una persona cercana también lo sea, lo que demuestra la influencia significativa de nuestras relaciones sociales en nuestros comportamiento y salud.

Reconocer que tenemos el poder de elegir con quién pasamos nuestro tiempo y entender cómo las actitudes y comportamientos de los demás nos afectan nos ayudará a tomar decisiones más informadas sobre nuestro entorno. No se trata de descartar amistades o relaciones valiosas, sino de buscar un equilibrio y ser consciente de cómo estas interacciones pueden favorecer o afectar negativamente a nuestro crecimiento personal y profesional.

Pensar que somos el promedio de las cinco o diez personas con las que más nos relacionamos nos alienta a buscar compañías que nos inspiren, nos desafíen y nos apoyen en nuestros objetivos, especialmente si estamos transitando un proceso de búsqueda de empleo. Esta elección no solo puede enriquecer nuestras vidas, sino también ayudarnos a convertirnos en una mejor versión de nosotros mismos.

Tal fue el caso de Clara, quien había dedicado dos décadas de su vida a una empresa en la que desempeñaba el rol de secretaria. Era el tipo de empleada que llegaba temprano, se iba tarde y conocía todos los entresijos de la oficina. Hablaba inglés con fluidez y siempre se esforzaba por mantenerse al día. Sin embargo, su mundo se desmoronó cuando despidieron a su jefe, a quien había asistido fielmente durante muchos años. Poco después, la empresa también prescindió de ella. A sus 58 años, se sentía devastada, más incluso que cuando superó un cáncer de mama diez años atrás.

El ambiente en su círculo social no ayudaba. Sus amigas y familiares, aunque bienintencionados, la trataban con una mezcla de lástima y condescendencia, evitando hablar sobre su búsqueda de empleo. Parecían creer, al igual que ella, que su carrera había llegado a su fin. El único rayo de esperanza provenía de su antiguo jefe, quien la animaba constantemente a no rendirse.

Cuando comenzamos nuestras sesiones de *coaching* de reorientación de carrera, Clara confesó sentirse avergonzada y desahuciada. Pero pronto nuestra conversación giró hacia la posibilidad del reciclaje profesional. Le sugerí algunos cursos para actualizar sus habilidades en tecnología, algo que al principio la intimidaba pero que luego abrazó con curiosidad.

Durante esas formaciones, Clara conoció a otras personas en situaciones similares y estas nuevas amistades se convirtieron en una fuente de apoyo e inspiración para ella. Observando sus actitudes positivas y su determinación, Clara comenzó a modelar sus comportamientos y, al poco tiempo, su estado de ánimo cambio. Se dio cuenta de que no estaba sola en su lucha y empezó a creer que la recolocación era posible.

Finalmente, su esfuerzo dio frutos. Tras completar su formación, Clara ingresó en una bolsa de empleo y, para su sorpresa y alegría, pronto encontró un nuevo puesto. No solo había logrado recolocarse, sino que también había ganado una nueva perspectiva y confianza en sí misma.

La historia de Clara ilustra de manera elocuente cómo las personas que nos rodean pueden influir en nuestros comportamientos, autoestima y, en última instancia, en nuestro éxito. Nos enseña que nunca es tarde para reinventarse. Independientemente de la edad y la posición, las personas que elegimos tener cerca desempeñan un papel crucial en ese proceso de transformación y renacimiento profesional. Su viaje desde el desánimo hasta encontrar un nuevo destino es una inspiración para todos aquellos que dudan sobre la posibilidad de renovarse y avanzar en sus carreras a una avanzada edad profesional.

Hasta el infinito y más allá

¿Conoces el proverbio africano que dice: «Si quieres llegar más rápido, viaja solo, pero si quieres llegar más lejos, hazlo acompañado»? En un mercado laboral cada vez más competitivo, el valor de una red de contactos bien cultivada y mantenida es un activo muy valioso. Y, al mismo tiempo, una herramienta poderosa y esencial.

Cuando transitas un proceso de recolocación laboral, construir relaciones es clave: rodearte de personas que entienden tus objetivos, que comparten intereses comunes, a las que puedes ayudar y que te pueden ayudar a ti. En muchas ocasiones solo eso ya marca la diferencia.

Para los *seniors* en particular, su red de contactos capitaliza un activo social cultivado durante años de actividad profesional. El *networking* requiere una aproximación generosa, con una voluntad sincera de aportación de valor y un interés real por favorecer los objetivos de los demás. Solo así se construye una corriente de interés que pueda generar relaciones ganar-ganar sostenibles en el tiempo. Por eso me gusta decir que el *networking*, más que una herramienta, es una actitud.

La gestión efectiva de la red de contactos proporciona acceso a oportunidades, potencia la reputación a través de referencias, ofrece apoyo y asesoramiento, facilita el aprendizaje continuo y refuerza la marca personal.

Veamos uno a uno estos cinco conceptos:

Acceso a oportunidades ocultas

Gran parte del mercado laboral funciona a través de lo que se conoce como *el mercado oculto de empleo*. Muchas posiciones de alto nivel rara vez se anuncian públicamente y, en cambio, se cubren a través de referencias y contactos. Una red sólida brinda a los ejecutivos *senior* acceso a estas oportunidades que, de otra manera, podrían permanecer fuera de su alcance. Al mantener conexiones con colegas, excompañeros de trabajo y profesionales de la industria, los ejecutivos pueden estar al tanto de las oportunidades antes de que se hagan públicas.

Recomendaciones y referencias

En las etapas avanzadas de una carrera, la reputación y las referencias son cruciales. Una recomendación de un contacto de confianza puede ser la diferencia entre ser considerado para un puesto o ser pasado por alto. Los profesionales que han construido y mantenido una red de contactos sólida a lo largo de los años encuentran que sus contactos están más dispuestos y son capaces de abogar por ellos, proporcionando referencias valiosas que pueden dar credibilidad a su experiencia y sus habilidades.

Asesoramiento y apoyo

Una red de contactos no solo es útil para encontrar empleo, sino también para obtener asesoramiento y apoyo. Los profesionales *senior* pueden enfrentarse a desafíos únicos, y contar con una red de pares y mentores a quienes recurrir para obtener consejos puede ser invaluable. Son los conocidos *masterminds*. Estas redes pueden ofrecer perspectivas frescas, asesoramiento y apoyo sobre decisiones a tomar durante períodos de ejercicio profesional, de transición de carrera o, incluso, de inversión en nuevos emprendimientos

Desarrollo continuo y aprendizaje

La gestión de una red de contactos también puede ser una fuente de desarrollo profesional continuo. Al interactuar con una variedad de profesionales, los ejecutivos *senior* se exponen a nuevas ideas, tendencias de la industria y conocimientos que pueden ser cruciales para su crecimiento y adaptabilidad en un paisaje empresarial en constante evolución.

Construcción de una marca personal

Para un profesional *senior*, la red de contactos es una extensión de su marca personal. Al interactuar y colaborar con otros, tiene la oportunidad de demostrar su liderazgo, su conocimiento y sus valores únicos. Una red de contactos fuerte y activa puede ayudar a solidificar la reputación de un ejecutivo como un líder y experto en su campo, aumentando su visibilidad y atractivo para posibles empleadores. En un mundo donde las conexiones personales son a menudo tan valiosas como las habilidades y la experiencia, cultivar y mantener una red de contactos robusta es esencial para favorecer la obtención de referencias que avalen el éxito en la recolocación de un profesional.

Los amigos de mis amigos
son mis amigos

Mark Granovetter, un destacado profesor de Sociología en la Universidad de Stanford, es conocido por su teoría revolucionaria: *The Strength of Weak Ties* (la fuerza de los lazos débiles). Esta teoría desarrolla el impacto y la importancia que las conexiones no cercanas pueden tener en la red social de una persona.

En su libro *Getting a Job*, Granovetter examina la eficacia de los lazos personales en la búsqueda de empleo y cómo estos influyen en el mercado laboral. Contrario a la creencia popular que subraya la importancia de las relaciones cercanas o fuertes —familiares y amigos próximos— en la obtención de oportunidades laborales, este autor descubrió que son los lazos débiles —conocidos o contactos casuales— los que realmente ofrecen más opciones de recolocación.

Analizando una relevante muestra, concluye en su estudio que concretamente el 56 % de las personas que encuentran empleo lo hacen a través de un contacto personal de nexo débil.

Es decir, de todos los que se valieron de un contacto para encontrar trabajo:

* El 16.7 % veían a menudo a su contacto (relación de amistad).

* El 55.6 % lo veían de vez en cuando (relación de conocido).

* El 28 % lo veían muy rara vez (relación de contacto ocasional).

Es decir, que lo más frecuente no es encontrar trabajo a través de los amigos, sino a través de conocidos. Los nexos débiles son siempre más relevantes que los fuertes en los procesos de búsqueda. Al fin y al cabo, nuestros amigos se desenvuelven en el mismo mundo que nosotros, pero los conocidos se extienden en un espacio más allá del nuestro.

Este autor argumenta que, aunque los lazos fuertes son importantes para el apoyo moral y el consejo emocional, son los lazos débiles los que proporcionan acceso a información y oportunidades que no están disponibles en los círculos íntimos de una persona. En definitiva, los conocidos representan una fuente de poder social, son nuestros conectores para acceder a oportunidades y a mundos a los que no pertenecemos.

Las redes que incluyen un nutrido número de lazos débiles son más propensas a introducir nuevas ideas y oportunidades, ya que actúan como puentes conectando a grupos sociales más amplios y variados. Esto contrasta con las redes de lazos fuertes, que tienden a ser más homogéneas y circulares, incluso endogámicas a veces.

Granovetter sostiene que, para un individuo, entender la estructura de sus redes y su alcance puede ser un factor decisivo en la búsqueda de empleo, ya que le va a permitir acceder a información valiosa y a oportunidades no visibles del mercado oculto.

Por esa teoría, entre otras razones, siempre recomiendo a los profesionales a los que acompaño en sus programas de reorientación de carrera que extiendan sus redes en LinkedIn. Porque si hay una red social profesional que destaque en la explotación de esos lazos débiles que son cruciales para ampliar el impacto de nuestra marca personal y para conseguir «oír lo que *a priori* no ves», esa es LinkedIn.

Una red de contactos atractiva y efectiva

Cuando te encuentras navegando en las aguas inciertas del desempleo, tu red de contactos se convierte en un faro en medio de la oscuridad. En esos momentos iniciales, justo después de la comunicación de un despido, es común hallar manos amigas y oídos atentos listos para ayudarte. Aquellas personas que realmente te valoran estarán a tu lado con palabras de ánimo y promesas de ayuda. Te recordarán lo fuerte que eres y hablarán de tu valía y de tus éxitos pasados, todo con el fin de mantener alta tu moral.

Durante los primeros días, tal vez semanas, te verás rodeado de un mar de consejos y contactos. Compartirán contigo anécdotas de gente que ha superado obstáculos y ha salido adelante, como si fueran valiosos mapas del tesoro, marcando el camino hacia tu próximo destino laboral. Tus conocidos entonarán cantos de sirenas y te prometerán sumergirse en las profundidades de sus propias redes para encontrar esa oportunidad perfecta para ti.

Pero, con el paso del tiempo, ese ímpetu inicial puede empezar a disminuir. Las llamadas se harán más esporádicas y las respuestas a los correos electrónicos no llegarán tan rápido. No es que no les importe o te hayan olvidado; es simplemente que así somos los humanos. La gente se lanza con todo al principio. Pero mantener esa misma intensidad y ese empeño es complicado a largo plazo, en especial si se alarga el proceso de búsqueda.

Aquí es donde entra en juego la teoría de los lazos débiles. Una vez que tu círculo cercano ya está al tanto de la situación, es hora de abrirte paso a nuevas conexiones. Estos lazos débiles, esas personas que no conoces o que forman parte del círculo de tus contactos, pueden ser la clave para descubrir oportunidades inesperadas.

A continuación, vamos a compartir cuáles son las claves para expandir y hacer más atractiva tu red de contactos:

Crea una red de contactos eficiente

Esta estrategia va más allá de simplemente acumular conexiones; se trata de construir relaciones que sean mutuamente enriquecedoras.

- **Define qué esperas lograr con tu red.** ¿Buscas oportunidades de empleo, asesoramiento o conocimientos sobre tendencias de la industria? Al tener un objetivo claro, podrás dirigir tus esfuerzos hacia conexiones que te ayuden a alcanzar tus metas. Esto no solo optimiza tu tiempo, sino que también te permite ser más selectivo y estratégico al elegir a quién te acercas.

- **Desarrolla una red valiosa.** Implica identificar y conectarte con personas que puedan aportar a tu crecimiento profesional y personal. Esto incluye a colegas con los que has trabajado anteriormente, líderes de la industria, mentores y hasta competidores. La clave es mantener una red diversa que pueda ofrecer diferentes perspectivas y oportunidades. Si mantienes relaciones sólidas con personas clave en tu campo, incrementas tus posibilidades de descubrir oportunidades de empleo no anunciadas y de recibir recomendaciones valiosas.

Identifica e interactúa con contactos clave

Como profesional *senior*, es crucial identificar a aquellos individuos en tu red que pueden impulsarte hacia adelante. Esto incluye líderes en tu industria, excolegas en posiciones de influencia y profesionales con una amplia red de contactos. Analiza cómo cada uno de estos vínculos puede contribuir a potenciar tu búsqueda de empleo, sea a través de su conocimiento, su influencia o su capacidad para conectarte con otros.

Una vez identificados estos contactos clave, el siguiente paso es acercarte a ellos de manera estratégica. Piensa en qué les puedes ofrecer, cómo tu experiencia y tus habilidades pueden ser útiles para ellos. Al ofrecer tu ayuda o conocimientos, estás creando una relación de reciprocidad y no simplemente buscando un favor. Esta aproximación no solo te permite construir una conexión genuina, sino que también establece una base sólida para futuras interacciones.

Enfoca tu actividad en la ayuda mutua

En el mundo de los negocios, especialmente para un ejecutivo *senior*, ayudar a los demás sin esperar nada a cambio es una estrategia poderosa. Si te concentras en las inquietudes y necesidades de tus contactos y tratas de aportarles valor, podrás demostrar tus capacidades como profesional y como persona. Esto no solo te ayuda a fortalecer tus relaciones, sino que también te puede llevar a que otros te recomienden o piensen en ti para oportunidades futuras.

Si ayudas a otros con generosidad y altruismo, el retorno llegará incluso de formas inesperadas. Al establecer una reputación como alguien que apoya y contribuye al éxito de los demás, aumentas el impacto de tu marca personal. Y este enfoque de dar primero y recibir después es fundamental en la construcción de una red sólida y efectiva.

Genera confianza y autoridad

La confianza es un elemento crucial en cualquier relación profesional. Como profesional *senior*, debes ser capaz de transmitir tus intereses y tu valor de manera natural y en el momento oportuno. Esto significa compartir tus experiencias, tus éxitos y tus lecciones aprendidas de una manera que sea relevante y útil para tus contactos. Al hacerlo así, no solo estarás demostrando tus competencias, sino que también vas a fomentar una atmósfera de confianza y respeto mutuo.

Comunicar tu valor de manera efectiva es vital. Esto no se trata solo de hablar de tus logros, sino de cómo tu experiencia y tus habilidades pueden ser valiosas para otros poniéndote en sus zapatos. Al ser claro y conciso sobre lo que puedes aportar, te posicionas como un profesional confiable para tu red de contactos.

Supera el miedo al rechazo

Un desafío muy común que comparten conmigo los profesionales *senior* que se encuentran en búsqueda de empleo es el miedo al rechazo. Es importante recordar que todos nos enfrentamos a inseguridades y que el rechazo es parte del proceso. Acércate a las personas que te interesan con confianza y sin miedo, mostrando siempre las mejores intenciones. Puedes llevarte sorpresas muy agradables.

La autenticidad y la honestidad en tu acercamiento disminuirán cualquier temor y te permitirán establecer conexiones más significativas. Tratar de entender y atender las motivaciones y necesidades de cada persona en tu red es clave para establecer conexiones genuinas y duraderas. Sé sincero, escucha activamente, muestra un interés real por sus desafíos y ofréceles tu ayuda de manera generosa. Al hacerlo, no solo estás construyendo una red sólida; también proyectarás una imagen de abundancia y éxito, lo que a su vez atrae más éxito y oportunidades. Recuerda que, en el mundo de los negocios, la generosidad y la ayuda mutua son a menudo una interesante llave hacia el éxito personal y profesional.

Por último, aunque puedes estar ansioso y preocupado, proyecta siempre optimismo y energía. La gente se siente naturalmente más inclinada a ayudar a aquellos que, a pesar de las circunstancias, mantienen una actitud positiva.

EJERCICIO
Capítulo 7

8
REINVENTARSE
ES DIVERTIDO

Solo se vive dos veces

———

La neurocirugía es una de las disciplinas más complejas y desafiantes dentro del campo de la medicina. Un neurocirujano es un médico altamente especializado que se dedica al diagnóstico, tratamiento y manejo de trastornos que afectan al sistema nervioso, incluyendo el cerebro y la médula espinal.

Para llegar a ser neurocirujano se requiere una extensa y rigurosa formación de aproximadamente doce años de estudios. Es decir, tras completar la carrera de medicina, es necesaria una etapa de seis años adicionales como residente para adquirir la especialización en neurología. Yo no sabía nada de todo esto hasta que conocí al doctor Sánchez y me contó su historia.

Recientemente me había instalado de nuevo en Barcelona. Estaba conversando con una amiga a quien le había confiado que me gustaría ampliar mi círculo de conocidos en la ciudad. Ella, enseguida y muy dispuesta, me dijo:

—Si realmente quieres volver a relacionarte con personas interesantes, tienes que asistir a las cenas que organizo mensualmente en mi casa. Asisten personas relevantes de todos los ámbitos profesionales. ¡Te vas a divertir!

Y así fue como aquella noche del mes de julio me encontré cenando en el jardín de su casa en Pedralbes. Entre los asistentes a la cena, tal y como me había prometido mi amiga, se encontraban personas de toda condición y procedencia. Y esa noche, el azar quiso que se sentara a mi lado un atractivo invitado, el doctor Sánchez.

—La neurología es un campo en constante evolución —me explicaba durante la cena—. Como cirujano he viajado y ejercido en hospitales internacionales. Ya desde el inicio de mi carrera, cuando era residente, estuve trabajando en Alemania y Austria muchos años; después regresé y estuve ejerciendo en España. Y, en la última etapa, pasé una larga estancia como cirujano jefe en un gran hospital en Miami. Siempre dediqué mucho tiempo a mantener actualizados mis conocimientos sobre técnicas quirúrgicas de última generación con tecnologías disruptivas —me explicaba— y en Estados Unidos son excelentes utilizando metodologías avanzadas de intervención con navegación por imágenes y nano cirugía.

Era evidente que le apasionaba su profesión. Sin embargo, de su mirada deduje que no estaba pasando por un buen momento.

—En el mundo de las prácticas quirúrgicas —continuó— el estrés se convierte en el medio de trabajo natural. La neurocirugía implica desafíos únicos, dado que el sistema nervioso controla todas las funciones corporales. Los riesgos en una intervención son altos y los márgenes de error son extremadamente pequeños. Los neurocirujanos debemos tomar decisiones críticas, bajo presión, en situaciones vitales de gran impacto en la salud del paciente.

A pesar del contenido de la conversación, su manera de expresarse era sencilla y cercana. Me transmitía una agradable corriente de simpatía y quise averiguar más.

—¿Y qué es lo que más te apasiona de tu profesión? —le pregunté.

—Me gusta centrar mi atención en la evolución de los pacientes durante el tratamiento, pues esta especialidad de la medicina —continuó explicándome gentilmente— tiene un efecto profundo en su calidad de vida: sea restaurando la movilidad, eliminando tumores, aliviando el dolor crónico o previniendo el deterioro neurológico. Con los tratamientos adecuados, la neurocirugía puede ofrecer mayor esperanza de vida y nuevas oportunidades a los enfermos afectados por trastornos graves.

—Entonces, un profesional como tú requiere una combinación única de habilidades técnicas, conocimiento científico, juicio clínico y grandes dosis de calidad humana, ¿no es así? —inferí.

El doctor Sánchez me sonrió, asintiendo con la cabeza.

—A pesar de los desafíos, la neurología sigue siendo una de las especialidades más gratificantes y transformadoras en el campo de la medicina. Por eso, hace unos años, decidí con unos colegas abrir nuestra propia clínica privada en Valencia. Pero la acabamos de cerrar recientemente. Ahora estoy en otro punto —me dijo, bajando la mirada mientras profería un leve, pero perceptible suspiro.

¡Acababa de descubrir su punto de dolor! Quedamos para seguir charlando en otro momento, pero pasaron varios meses hasta que volví a coincidir con el doctor Sánchez.

Días después, mi amiga me contó que, ese afamado cirujano decidió emprender en los negocios inaugurando una clínica de tecnología robótica para tratar lesiones de cerebro y de columna. La creó con otros dos reputados doctores, soñando con mejorar la vida de sus pacientes con técnicas muy avanzadas. Pero, a pesar de tener numerosos clientes y prestigio, la clínica se enfrentó a dificultades financieras importantes. La compra de equipamiento costoso, sumada a una más que mejorable gestión económica y problemas de tesorería, derivados de los plazos de pago de las aseguradoras, dio como resultado una crisis financiera insalvable que llevó al cierre de la clínica a los ocho años de su fundación.

Así, a los 63 años, el doctor Sánchez se encontraba a una situación desafiante y sin precedentes en su brillante carrera: endeudado y sin su clínica privada. Empezó a buscar empleo para reintegrarse al equipo médico de algún hospital renombrado, aunque sin éxito. A pesar de que su impresionante currículum generaba admiración en las juntas directivas de estos hospitales y apreciaban su interés, no conseguía un puesto en sus plantillas. Las políticas internas de los hospitales y del sistema de salud parecían inclinarse por médicos más jóvenes, reflejando prejuicios basados en la edad.

Cuando me di cuenta de la difícil situación que estaba atravesando el doctor Sánchez, decidí llamarlo. Nos reunimos para tomar un café y él me confirmó que, a pesar de su dilatada experiencia, estaba batallando con la frustración y la desesperanza. Se enfrentaba a un mercado laboral que desafortunadamente no valoraba su sabiduría. Durante ese período de transición, mantuvimos varias sesiones de acompañamiento. Un *coach* de reorientación de carrera es un recurso muy valioso en esas circunstancias al brindar guía, apoyo y estrategias para superar los retos a los que se enfrentan los profesionales con más experiencia. El *coaching* puede ser clave para descubrir nuevas oportunidades, desarrollar las habilidades necesarias para nuevos roles y mantener una actitud positiva y resiliente.

A pesar de las dificultades, la devoción del doctor Sánchez por la medicina y su pasión por el aprendizaje continuo lo mantuvieron motivado y enfocado. Hasta que un giro inesperado ocurrió cuando asistió a una conferencia sobre inteligencia artificial relacionada con su especialidad. Allí descubrió un campo prometedor: la neurocirugía robótica. Aquello fue una revelación que transformó su vida. Con renovada esperanza, viajó a Israel para capacitarse en el Centro Médico Sourasky, en Ichilov. Allí se sumergió en una nueva dimensión de la medicina, donde su vasta experiencia se convirtió en un valioso elemento diferenciador. Por fin, encontraba un campo con alta demanda en el que pocos especialistas tenían su talla a nivel mundial.

Actualmente, a sus 67 años, el doctor Sánchez dirige el departamento de Neurocirugía Robótica en un reconocido hospital europeo. Traigo aquí su historia con orgullo porque creo que nos aporta varias lecciones muy interesantes:

- Ser un especialista excepcional no garantiza tener éxito en el ámbito empresarial. Aunque el doctor Sánchez era un neurocirujano distinguido, con formación y un historial de éxitos extraordinario, no estuvo a la misma altura como gestor del negocio al abrir su clínica. La medicina y el emprendimiento son campos que requieren habilidades diferentes. Mientras que el doctor Sánchez sobresalía en el diagnóstico, el tratamiento y la comunicación con sus pacientes, la administración de un negocio exige conocimientos en finanzas, marketing, gestión de RR. HH. y un plan de negocios efectivo, entre otras muchas competencias. Como él mismo reconoció, la práctica médica, sobre todo, en un área tan demandante como la neurología, consume mucho tiempo y energía. Eso le dejó poco espacio para atender las exigencias de dirección de su clínica y tampoco supo delegar esas funciones a tiempo. Así que, como conclusión, podríamos decir que hay que saber emprender o, dicho de otro modo: zapatero a tus zapatos.

- La segunda reflexión de esta bonita historia de resiliencia y superación nos recuerda que nunca es demasiado tarde para reinventarse y abrazar los cambios. Frente a obstáculos y retos, el doctor Sánchez no solo redescubrió cómo seguir viviendo de su pasión, sino que también se transformó en alguien innovador en un área que estaba moldeando el futuro de la medicina. Su historia sirve de inspiración a aquellos que se enfrentan a adversidades, demostrando que la constancia y el empeño pueden desbloquear posibilidades inesperadas a cualquier edad.

«La recompensa de nuestro trabajo no es lo que obtenemos, sino en lo que nos convertimos».
Paulo Coelho

No hay que temer al fracaso

En el panorama empresarial actual, la percepción del fracaso y la gestión de los errores han experimentado una auténtica revolución. Lejos de ser considerados obstáculos, ahora son vistos como catalizadores esenciales para el crecimiento y la innovación. Esta misma perspectiva es la que me gustaría compartir no solo con los profesionales *senior* que se enfrentan al desafío de reinsertarse en un mercado laboral poco inclusivo, sino especialmente con aquellos que, como el doctor Sánchez, deseen poner en valor toda su experiencia y los conocimientos adquiridos para reinventarse y vivir una segunda vida profesional de éxito.

Los rechazos en el contexto de una carrera a los 50+ no deben verse como señales de una vía muerta, sino como un paso hacia nuevas oportunidades más desafiantes. Gestionar los obstáculos con la actitud de un aprendiz convierte cada *no* de un proceso de selección en un escalón más hacia el anhelado *sí*. Utilizar el *feedback* de cada entrevista para refinar habilidades y adaptarse a la demanda es crucial. Este nuevo enfoque es evidente en empresas líderes como Tesla, Amazon o Google, cuyos líderes han transformado el fracaso, la resiliencia y la innovación en herramientas de aprendizaje, crecimiento y diferenciación.

Tres casos donde el fracaso se convirtió en virtud:

Caso 1. Tesla: La oportunidad de innovar tras un fracaso

Las pruebas de SpaceX, dirigidas por Elon Musk, ofrecen un fascinante caso de estudio sobre este concepto. En los primeros años de SpaceX, la compañía se enfrentó a numerosos fallos con el lanzamiento de sus cohetes. En concreto, los primeros tres lanzamientos del Falcon 1, entre 2006 y 2008, resultaron estrepitosos fracasos debido a una variedad de problemas técnicos relacionados con el combustible y los motores. Sin embargo, cada uno de esos fracasos proporcionó a SpaceX información muy valiosa. Y, en lugar de desanimarse, Musk y su equipo analizaron meticulosamente qué había salido mal en cada intento. Esta actitud permitió a SpaceX realizar ajustes críticos en sus diseños y operaciones, mejorar la fiabilidad de sus cohetes, modificar sus procedimientos de control de calidad y ajustar sus estrategias de lanzamiento. Esos fracasos fueron cruciales en la formación de la filosofía de Musk sobre cómo aprender de los errores y no temer al fracaso, hasta el punto de que la cultura de «fallar rápido y aprender rápido» se ha convertido en el sello distintivo de Tesla, permitiendo a la compañía innovar a un ritmo acelerado y superar a competidores más establecidos.

Para un profesional *senior*, esta filosofía le ofrece algunas reflexiones valiosas:

- Que el fracaso es una oportunidad para aprender y mejorar.

- Que la perseverancia y la capacidad de adaptarse son cruciales para el éxito a largo plazo.

- Que la innovación y el pensamiento fuera de lo convencional pueden ser claves para conseguir destacar.

Así, al enfrentarse a rechazos o desafíos en un proceso de selección o búsqueda de empleo, puedes inspirarte en la historia de SpaceX y Tesla para mantener una actitud resiliente, aprender de las experiencias y adaptar las estrategias para presentarte como un candidato único, valioso y atractivo cuando surja una nueva oportunidad en el mercado laboral.

Caso 2. Amazon: la escuela de los errores

Otro ejemplo de una cultura empresarial donde el fracaso es considerado esencial en la estrategia de evolución y éxito del negocio es el caso de Amazon. Jeff Bezos, su fundador, inspiró la metodología de ensayo y error como un proceso vital para la innovación y la comprensión profunda de las necesidades del cliente. Esta aproximación implica lanzar nuevos productos o servicios, experimentar con ellos en el mercado real, aprender de los resultados y luego ajustar o mejorar rápidamente. Este ciclo de innovación continua es lo que ha convertido a la compañía en un gigante global del comercio electrónico y la tecnología.

Así ocurrió con el lanzamiento del Fire Phone, que no logró atraer a los consumidores y fue descatalogado al poco tiempo. Sin embargo, esta experiencia proporcionó lecciones valiosas sobre el mercado de dispositivos móviles y contribuyó al desarrollo posterior de productos tan exitosos como Echo y Alexa. Lo mismo ocurrió con el éxito inesperado y casi casual del Amazon Web Services (AWS), que comenzó como una infraestructura interna para manejar las operaciones de Amazon en la nube y se ha transformado en uno de los proveedores de servicios *cloud* más grandes y rentables del mundo.

Si planteamos qué puede aportar el enfoque de Amazon a un profesional *senior* en transición de carrera, también extraemos importantes aprendizajes:

- Que es importante arriesgarse y probar nuevas estrategias en la búsqueda de empleo. Esto puede incluir explorar industrias diferentes, aplicar a roles que requieran habilidades transferibles o incluso embarcarse en el emprendimiento.

- Que la metodología de ensayo y error sugiere que los fracasos o rechazos son oportunidades de aprendizaje. Por ejemplo, una entrevista de trabajo que no resultó en oferta proporciona información muy valiosa sobre habilidades de comunicación, ajuste cultural o incluso expectativas salariales a revisar.

- Que adoptar un enfoque similar al de Amazon puede ser increíblemente beneficioso: al ver cada experiencia como una oportunidad de aprender y corregir, puedes atreverte a experimentar con distintos roles que no solo satisfagan tus necesidades profesionales, sino que se puedan alinear con otros objetivos más personales.

- Que quizás no tengas experiencia previa en la posición, no conozcas el sector o no hayas ejercido antes las mismas funciones, pero cuentas con una mochila cargada de conocimientos y vivencias, así que anímate a pivotar.

Caso 3. Google: El poder de la experimentación

No sé si conoces la política del 20 % de tu tiempo de Google, pero es otro ejemplo emblemático de cómo la innovación y la creatividad pueden ser fomentadas dentro de una organización. Esta política permite a los empleados dedicar aproximadamente un día de su semana laboral a proyectos personales que no necesariamente formen parte de sus responsabilidades laborales habituales, algo que se extiende a toda la plantilla en todo el mundo. Este enfoque ha sido fundamental para el desarrollo de algunos de los productos más exitosos de Google, como Gmail, Google News y AdSense. Al permitir a los empleados trabajar en proyectos que les apasionan personalmente, Google ha podido capitalizar la creatividad y los intereses individuales de su equipo, resultando en innovaciones que quizás no hubieran surgido de un enfoque más tradicional y dirigido.

Para los profesionales *senior* que están trabajando en proyectos que ya no se alinean con sus inquietudes e intereses, la política del 20 % de tu tiempo ofrece un modelo muy valioso que hay que considerar para construir en paralelo una alternativa más atractiva alineada con una nueva etapa de futuro. El famoso plan B puede surgir de dedicar ese tiempo a explorar nuevas ideas de negocio y a concebir proyectos alternativos. Estos proyectos personales pueden ser ideas innovadoras que podrían convertirse en nuevos servicios o productos. Para un profesional *senior*, esto puede significar el comienzo de una emocionante carrera emprendedora.

En definitiva, dedicar tiempo a explorar nuevas áreas de interés resulta estimulante, permite descubrir nuevas pasiones, invita a la formación, favorece las sinergias y, en última instancia, abre un horizonte de oportunidades laborales únicas y gratificantes. Para buscar la singularidad, es vital aventurarse y explorar opciones fuera de la zona de confort, es clave estudiar nichos donde la experiencia y las habilidades de cada profesional sean diferenciales y valoradas. Atrévete a explorar nuevos nichos donde tu experiencia y tus capacidades sean menos comunes. Al igual que estas empresas líderes y referentes florecieron desafiando lo convencional, tú puedes descubrir oportunidades emocionantes adoptando un enfoque más disruptivo e innovador en tu carrera.

Una mirada contraintuitiva

Al inicio de un programa de reorientación de carrera, cuando estoy trabajando con profesionales *senior* que están viviendo la dura —y a menudo desalentadora— experiencia de buscar empleo, suelo observar una tendencia común: muchos ven este proceso como una crisis centrada en la pérdida de ingresos y de identidad profesional. Su anhelo es restablecer lo antes posible ese impacto económico y social: es una mirada cortoplacista y continuista. Pero a menudo esa perspectiva no aborda la raíz de la situación. Habitualmente, más allá de una crisis material, asoma una crisis existencial que requiere una reflexión mucho más profunda, centrada en entender lo que realmente te aporta e importa pensando en tu siguiente etapa de vida. Párate en este punto y reflexiona porque, para evolucionar al siguiente nivel, tienes que atreverte a cuestionar muchos de los patrones que te han traído hasta aquí.

Imagina a una persona que trabaja muchísimo y considera que se merece un ascenso, pero que nunca se lo dice explícitamente a su jefe o piensa en otra a la que le gustaría emprender, pero que nunca lo intenta ni hace nada al respecto. A ambas les caracteriza lo mismo: temen que las cosas no salgan bien y sientan el dolor del fracaso. Están condicionadas en su acción porque asumen que saben lo que pasará si dan el paso.

La primera no pide el ascenso porque tendría que exponerse a que cuestionen su valía y sus habilidades, y la segunda, al emprender, tendría que afrontar sus creencias respecto a su capacidad para poner en marcha un negocio exitoso.

Resulta mucho más fácil posicionarse en pensamientos del tipo:

- Mi jefe no me va a ascender porque me tendría que subir el sueldo.
- Emprender es muy difícil y me puedo arruinar.

En lugar de poner a prueba esas creencias, dar el paso y conocer la verdad, se aferran a pensamientos que están diseñados para no moverse de la zona de confort a costa de hipotecar una mayor felicidad y una vida de éxito más adelante. Son estrategias nefastas a largo plazo porque nos paralizan. Sin embargo, nos atrincheramos en ellas porque asumimos que son verdades inmutables y que ya sabemos lo que sucederá. Dicho de otro modo, pensamos que nuestros patrones de pensamiento son ciertos y nos permiten conocer cómo van a terminar esas situaciones. La certidumbre es enemiga del crecimiento.

Pero nada es cierto hasta que ha sucedido. No hay certidumbre a la que aferrarse. Hay que perder el miedo al fracaso y comenzar a cuestionarse todo lo que nos esté impidiendo avanzar. En lugar de instalarnos en el incómodo confort de la certeza, deberíamos estar en la búsqueda constante de la duda. En vez de pensar que son ciertos nuestros pensamientos, nuestras creencias, nuestros sentimientos y que sabemos lo que nos deparará el futuro, nos iría mejor si nos concediéramos el beneficio de la duda porque es mucho más real pensar que podemos estar equivocados. Esa actitud nos brinda la oportunidad de cambiar, nos permite crecer y abrir la mente a nuevas experiencias.

El reconocido bloguero neoyorquino Mark Manson ofrece una visión que encaja bien con este punto de reflexión en un libro con un sugerente título: *El sutil arte de que (casi) todo te importe una mierda*. Con un estilo refrescantemente, directo y sin filtros, Manson ofrece una perspectiva disruptiva de un mundo donde se nos insta constantemente a perseguir la felicidad, ser positivos y mostrar fortaleza en todos los ámbitos de la vida. Según su pensamiento, esa fachada de superhéroes nos obliga a sobreactuar provocando sentimientos de frustración, estrés y ansiedad. Necesitamos autoconvencernos y demostrar al mundo que somos capaces de casi todo y que los contratiempos no nos afectan. ¡Nos han educado así! Y esa programación nos impide admitir que somos falibles y que tenemos limitaciones. Por eso, Manson nos recuerda que «la clave para una buena vida no es que te importen muchas cosas; es que te importen menos para que, en realidad, te importe lo que es verdadero y trascendente».

Manson nos invita a ver esa realidad con honestidad hacia nosotros mismos, sin autoengaños. Su «a la mierda con la positividad» no es una invitación a convertirnos en pesimistas crónicos; significa admitir que tenemos limitaciones y, desde esa perspectiva, tenemos la oportunidad de ajustar las delirantes expectativas que nos generamos. No es un acto de rendición, sino de valentía.

En realidad, si lo pensamos despacio, no sabemos lo que es una experiencia positiva o negativa. Algunos de los momentos más traumáticos de nuestra vida, como un despido, pueden terminar siendo los más formativos y estimulantes. Y, sin embargo, algunas de las mejores y más gratificantes experiencias, como una promoción, pueden ser poco satisfactorias e incluso una pesadilla.

Así que no se trata de disfrazar los fracasos, sino de verlos como oportunidades de aprendizaje y crecimiento. Cada entrevista fallida, cada momento de duda, cada rechazo, son oportunidades para enfrentarse a nuestras verdades y crecer a partir de ellas. Tal vez no hemos conseguido aún ese trabajo soñado, pero no es preciso demostrar a toda costa fortaleza ni tratar de aparentar que las cosas no nos afectan. «Aceptar una experiencia negativa resulta en sí una experiencia positiva», nos recuerda Manson.

Analicemos esto a la luz del caso de uno de mis clientes más recientes: Carlos, un ejecutivo de 52 años que ostentaba una destacada trayectoria en el sector de las telecomunicaciones. Había dedicado los últimos 25 años de su vida profesional a una prestigiosa empresa multinacional, ascendiendo hasta llegar a ser el director de operaciones. Vivía en un tranquilo barrio residencial de Madrid y su vida personal era tan plena como su carrera profesional. Estaba casado con Laura, una dedicada profesora de secundaria, y era padre de Sofía, una estudiante universitaria de 22 años, y de Alejandro, un joven de 19 años recién iniciado en sus estudios de ingeniería.

Conocido por su compromiso y su habilidad para liderar equipos internacionales, Carlos siempre se caracterizó por su incansable implicación profesional, a menudo extendiendo sus jornadas laborales hasta bien entrada la noche por la diferencia horaria con sus colaboradores y clientes de Latinoamérica. A pesar del exigente ritmo de su trabajo, siempre se esforzó por mantener un equilibrio entre su vida personal y profesional, dedicando tiempo a su familia y a su principal afición: el ciclismo.

Sin embargo, la vida de Carlos se vio sacudida cuando su empresa fue adquirida por un competidor más grande y él —junto con otros ejecutivos— perdió su empleo debido a una reestructuración. Al principio, Carlos se enfrentó a esa nueva realidad con optimismo, confiando en que su amplia experiencia y su nutrida red de contactos profesionales le facilitarían una rápida reincorporación en el mercado laboral.

En las primeras semanas tras su despido, se mantuvo activo, actualizando su currículum y estableciendo contactos a través de LinkedIn. A pesar de algunos rechazos iniciales, no se preocupó demasiado, considerándolos una parte normal del proceso de reposicionamiento. Fue en esta etapa cuando Carlos se puso en contacto conmigo, interesado en ver si, como *headhunter*, podía ofrecerle alguna posición acorde con su perfil. Hablamos sobre sus expectativas de futuro y sobre la situación del mercado laboral y, en un momento, le planteé los beneficios de contar con el acompañamiento de un *coach* de reorientación de carrera para facilitar su transición. Pero él, confiado en sus propias capacidades, declinó amablemente el acompañamiento.

Pero a medida que los meses pasaron, la realidad de la situación comenzó a afectarle profundamente. Carlos empezó a experimentar sentimientos de frustración y desánimo. La ausencia de respuestas positivas y la acumulación de rechazos comenzaron a erosionar su autoestima. Se preguntaba si su edad y su larga permanencia en una única empresa podrían estar jugando en su contra.

Laura notó cómo la situación estaba afectando a Carlos. La energía y el entusiasmo que siempre lo habían caracterizado dieron paso a una versión más introvertida de sí mismo. Las cenas familiares, antes llenas de conversaciones animadas, se tornaron más silenciosas. A pesar de esto, Carlos intentaba mantener un frente de optimismo y confianza, pero su familia le conocía bien y se preocupaban.

Con el paso del tiempo, esta etapa trascendió más allá de ser un mero desafío profesional; la demora la convirtió en un profundo viaje emocional. Empezó a cuestionarse aspectos fundamentales de su identidad y su valor como profesional. Anteriormente, su carrera había sido un pilar central en su vida. Ahora se encontraba sumido en la incertidumbre, sin saber qué dirección tomaría su futuro laboral. Esta situación le generó ansiedad, insomnio y una notable desorientación respecto a cómo orientar su búsqueda de empleo, pero hacia afuera Carlos seguía manteniendo esa fachada de que todo estaba bajo control.

Fue en ese momento cuando Carlos tomó la decisión de trabajar conmigo para reorientar su carrera. Iniciamos el proceso de inmediato y, ya en nuestra primera sesión, me di cuenta de que, más allá de su confusión sobre cómo abordar la búsqueda de empleo, Carlos se encontraba atrapado en el síndrome del impostor. Su esfuerzo por querer mantener una actitud positiva y optimista de cara al exterior solo empeoraba su malestar interior. Era plenamente consciente de los desafíos a los que se enfrentaba, pero sentía que reconocer sus carencias le mostraba débil y esa creencia le impedía expresar sus verdaderas emociones a su círculo más cercano, que podría haberle brindado el consuelo y el apoyo que necesitaba.

En las siguientes sesiones, Carlos consiguió hitos que transformaron por completo su situación:

- **Aceptó sus emociones.** Reconoció la importancia de aceptar y expresar sus emociones reales, en lugar de mantener una fachada de optimismo irreal. Esta coherencia entre pensamiento y emoción resultó ser liberadora para Carlos.

- **Favoreció su crecimiento personal.** A pesar de los desafíos, Carlos comenzó a valorar más su tiempo con la familia y a redescubrir pasatiempos que había dejado de lado. Fomentó el autocuidado y modificó hábitos para mejorar su calidad de vida.

- **Exploró nuevas oportunidades.** Empezó a considerar otros roles profesionales, otros sectores y a valorar la posibilidad de aceptar trabajos como consultor independiente, lo que amplió significativamente sus opciones.

- **Focalizó la búsqueda.** Ajustó la estrategia centrando su atención en oportunidades que realmente despertaban su interés y donde podía marcar una diferencia. Esto le permitió reducir los rechazos, optimizando y haciendo más eficiente sus resultados.

- **Potenció su marca personal y expandió su red de contactos.** Trabajó en mejorar su impacto en la comunicación y aprendió a presentarse de manera más atractiva, lo que influenció positivamente tanto en su búsqueda de empleo como en sus relaciones sociales y profesionales.

Hoy en día, Carlos sigue adelante con su búsqueda laboral, armado con una perspectiva renovada y enriquecida. Ha tomado un papel activo y está presente en foros relevantes de su sector y participa en la organización de una de las ferias más prestigiosas a nivel mundial en Barcelona. La batalla de Carlos contra el síndrome del impostor y su lucha por mantener una apariencia de optimismo subrayan una lección fundamental de Manson: la importancia de aceptar nuestras emociones negativas. En vez de aferrarse a un optimismo irreal, Carlos aprendió a reconocer y expresar sus verdaderos sentimientos, dando así un paso esencial hacia su autenticidad.

Para Carlos, al igual que para el doctor Sánchez y para muchos otros profesionales *senior*, el verdadero éxito no reside en replicar continuamente experiencias pasadas, sino en valorar la singularidad de cada individuo, sus vivencias y habilidades, y proyectar nuevas actividades hacia el futuro con una mentalidad innovadora. Esta es la clave para presentarse al mundo como un individuo único y exclusivo, en un entorno profesional cada vez más competitivo y cambiante.

EJERCICIO
Capítulo 8

9

LAS CLAVES
DEL ÉXITO

Códigos en la sombra

Alexandra era la CFO de una de las firmas más reputadas en el mundo de la seguridad privada.

Su empresa era una compañía especializada en la protección y el transporte de obras de arte y objetos valiosos de incalculable valor. Sus clientes eran museos, fundaciones, galerías e, incluso, mansiones que requerían la vigilancia y protección de bienes tanto públicos como privados.

Como empresa de custodia, gozaba de una excelente reputación y se había ganado el respeto de clientes relevantes en los círculos más exclusivos en Europa y Latinoamérica.

Una tarde de invierno, mientras trabajaba en su despacho, elaborando un presupuesto para un cliente que había adquirido una exclusiva colección de arte, Alexandra recibió un mensaje en la pantalla que congeló su sangre: su empresa estaba sufriendo un ciberataque, sus *firewalls* habían sido hackeados y la información reservada de la compañía no solo estaba comprometida: ¡se había vuelto inaccesible!

El autor, un *black hat hacker*, exigía un rescate en criptomonedas a cambio de devolver el control de los sistemas y de no desvelar los datos secretos que podían hacer vulnerable el acceso a los bienes de muchos de sus clientes.

La noticia fue un golpe directo al corazón de Alexandra. La empresa de la que era financieramente responsable se había vuelto absolutamente vulnerable a manos de un enemigo invisible. La magnitud del ataque no tenía precedentes en su organización; los sistemas que controlaban todo, desde las cámaras de seguridad hasta los registros con la localización de objetos invaluables, estaban bajo el control de alguien cuyas intenciones parecían tan oscuras como su comunicación.

Con la respiración contenida, Alexandra sopesó el impacto que supondría pagar semejante suma de dinero y sintió el peso del mundo sobre sus hombros. El siguiente paso determinaría el futuro de su empresa, pero también el suyo propio, así que decidió convocar inmediatamente una junta extraordinaria del comité de crisis y, mientras tanto, llamó a Jonathan, el CEO, y a Helena, la CIO, para compartir con ellos la dramática situación.

Durante la reunión de la junta, la tensión era palpable. Mientras Alexandra revelaba los detalles del ciberataque, la ausencia de un protocolo preestablecido para manejar una amenaza como esa, agravaba la situación. En pocos minutos, la sala de juntas se transformó en un hervidero de personas opinando sobre qué hacer contra un enemigo invisible, desconocido y peligroso.

Se debatía acerca de la conveniencia de informar a los clientes, a las aseguradoras, sobre cómo comunicar a la unidad de delitos cibernéticos de la policía nacional y, en especial, sobre si pagar o no el rescate. Jonathan, desde su responsabilidad como CEO, argumentaba que mantener la confianza en la marca era primordial, temía que, si algo así se hacía público, pudiera desencadenar una estampida de clientes, poniendo en riesgo décadas de reputación de una empresa con un negocio tan sensible. Por otro lado, Helena insistía en la transparencia, argumentando que el encubrimiento podría desencadenar consecuencias legales aún más graves si los clientes conocían *a posteriori* que la seguridad de los datos había quedado expuesta por el incidente.

Mientras ese debate transcurría y los equipos informáticos de la empresa trataban de recuperar el control, Alexandra inició una negociación tensa con el *hacker*. Cada correo electrónico era un pulso de voluntades, una danza delicada entre mostrar suficiente cooperación para mantener al *hacker* comprometido y ganar tiempo. Mientras, por otro lado, se buscaban desesperadamente soluciones alternativas.

Utilizando todas las habilidades de comunicación estratégica que había aprendido a lo largo de su carrera, Alexandra intentaba navegar por esta crisis sin precedentes. Sin embargo, el *hacker* parecía estar siempre un paso por delante, respondiendo con demandas aún más audaces y plazos imposibles.

La presión del tiempo y el riesgo de que la situación finalmente generase daños irrevocables a los clientes obligaron a tomar la decisión más difícil: pagar el rescate para recuperar el control de los sistemas y los datos.

Al cabo de unas semanas, la junta de accionistas pidió una auditoría externa para valorar las actuaciones y decisiones tomadas con el fin de justificar ese extraordinario pago. Alexandra, por su responsabilidad como CFO, fue señalada como la responsable del desastre. La conclusión fue que debían haberse establecido, previamente, procedimientos y protocolos que regulasen cómo actuar ante situaciones de crisis como la vivida. Y así, tras años de dedicación y entrega, Alexandra fue despedida y se encontró inmersa en un litigio contra la empresa para la que había trabajado tanto tiempo. Este fue un final amargo para su trayectoria profesional y por supuesto, la obligó a buscar un nuevo empleo.

—Aquel ciberataque no solo me ha costado el empleo —me confesó Alexandra el día que mantuvimos nuestra primera sesión—; lo peor es que ha arrasado con mi reputación en el sector.

—¿Por qué lo ves así? —quise saber.

—Siento que ahora encontrar empleo será doblemente complicado —continuó diciendo—: ya no soy ninguna jovencita y, además, voy a tener que dar muchas explicaciones sobre lo sucedido. ¡Y todo cuando he sido solo una víctima colateral! ¡No me parece justo!

El caso de Alexandra ilustra la complejidad de nuestra era digital y la vulnerabilidad de los empleos. No importa cuantos años hayas estado en una compañía o lo reconocida que sea tu trayectoria, siempre puede surgir un imprevisto inesperado para el que no estabas preparado. Y no, no necesita ser un ciberataque. Un simple malentendido en WhatsApp o un rumor circulando en las redes sociales puede destruir tu valiosa contribución a la empresa o tu impecable reputación ética. Si te encuentras en el centro de una crisis imprevista, puedes convertirte en un chivo expiatorio sin oportunidad de réplica.

Alexandra me contó que, después de aquel episodio, el CEO continuó en la empresa, incluso la CIO. Pero, en situaciones de crisis, siempre es necesario encontrar a alguien sobre quien recaiga la responsabilidad y, en este caso, por la actuación de un *hacker* anónimo y clandestino, Alexandra se encontró en el paro y buscando empleo en un sector que la escrutaba con desconfianza.

La lección que nos deja la historia de Alexandra es tan sencilla como crítica: es esencial estar preparados para lo imprevisto. Vivimos en una era digital altamente interconectada y caracterizada por su volatilidad, incertidumbre, complejidad y ambigüedad (VUCA), donde las crisis pueden aparecer sin previo aviso, dejando en evidencia que la seguridad laboral es un concepto cada vez más elusivo.

El relato de Alexandra destaca la importancia de estar preparados y ser resilientes, demostrando que ni la excelencia profesional ni un alto nivel de dedicación garantizan inmunidad contra factores externos que pueden alterar drásticamente nuestra carrera. A pesar de su integridad y la confianza construida a lo largo de los años, defendiendo los intereses de su empresa, Alexandra se vio envuelta en una tormenta perfecta que terminó en la pérdida de su trabajo y un daño significativo a su reputación, pilares esenciales en la carrera de cualquier profesional.

El segundo aprendizaje fundamental de esta historia subraya la importancia de contar con un plan B o una estrategia de contingencia, tanto en lo personal como en lo profesional.

Este plan debe diseñarse para afrontar transiciones inesperadas, provocadas por fluctuaciones de mercado, avances tecnológicos disruptivos o eventos adversos como los que enfrentó Alexandra. Estar preparados es esencial para navegar con éxito por las aguas turbulentas de nuestra realidad laboral actual, permitiéndonos adaptarnos y prosperar ante los inevitables cambios y desafíos.

Llegados a este punto, me gustaría compartir contigo ciertos aspectos que, desde mi experiencia, sé que son claves para estar preparados ante la incertidumbre:

- Mantener las habilidades actualizadas. La formación continua y la adaptabilidad a nuevas tecnologías y metodologías de trabajo son esenciales para permanecer relevantes en el mercado laboral.

- Construir y nutrir una red de contactos eficiente. Como ya vimos, las conexiones pueden abrir puertas y ofrecen una ayuda inestimable en momentos de transición.

- Especializarse. Profundizar en un área específica de conocimiento aumenta nuestra empleabilidad y nos hace atractivos ante las demandas emergentes.

- Hacer una gestión prudente de las finanzas personales. Contar con reservas económicas proporciona un colchón de seguridad que permite afrontar períodos de transición con menos estrés.

- Diversificar las fuentes de ingresos. Abrirse a explorar distintas fuentes y alternativas de carrera puede abrir caminos inesperados y gratificantes.

En resumen, la enseñanza central de esta historia enfatiza la necesidad de estar permanentemente listos para afrontar cualquier imprevisto, cultivando habilidades que nos permitan ser atractivos, adoptando una mentalidad flexible. Estar preparados en el entorno actual ha dejado de ser una mera ventaja competitiva para convertirse en un imperativo esencial que nos permita navegar y mitigar el efecto de las crisis en un mundo en constante evolución.

El valor de la experiencia

Nos acercamos al final de esta obra que explora —a través de historias personales y profesionales de candidatos reales con quienes he trabajado en los últimos quince años— cómo enfrentarse y gestionar desafíos en el ámbito laboral. Cada capítulo presenta relatos y consejos prácticos para navegar por situaciones desafiantes, enfatizando la importancia del autoconocimiento, la reinvención personal y la actitud imprescindible para buscar activamente nuevas oportunidades. A lo largo de este libro, querido lector, hemos explorado temas como la resiliencia, las creencias, la importancia de adaptarse a nuevas realidades profesionales y cómo encontrar un propósito y una pasión en la vida para alcanzar la plenitud. Utilizando mi experiencia, he intentado guiarte a través del proceso de recuperación y crecimiento tras perder un empleo, promoviendo un enfoque optimista y proactivo hacia la transición profesional.

Cualquier persona puede transformar
su vida si se compromete a ello.

Quédate con esta idea porque es la semilla de toda evolución. Muchas personas se pasan la vida buscando resultados donde no los pueden encontrar y se quedan enredadas en creencias que les impiden reconducir sus vidas profesionales para conseguir experiencias más plenas y satisfactorias.

Pero tenemos que ser realistas y afrontar una realidad incómoda: en el actual panorama laboral, el talento *senior* está siendo infravalorado, como si fuera objeto de saldo o de rebajas. Esta percepción no solo es alarmante, sino que sugiere que estamos desestimando el valor de toda una generación de profesionales. Resulta esencial cuestionarnos sobre el sentido y la sensatez de esta tendencia. ¿Es realmente oportuno menospreciar la experiencia acumulada durante tantos años? ¿Es acaso inteligente desfavorecer la riqueza de conocimientos y habilidades que estos profesionales aportan? La respuesta a ambas preguntas debería inclinarnos a una profunda reflexión sobre cómo valoramos el talento en nuestra sociedad y en nuestras organizaciones.

Los profesionales con una trayectoria larga y consolidada no deberían ser vistos como si estuvieran en liquidación, sino más bien como auténticas joyas de experiencia y sabiduría. Es imperativo reevaluar y reivindicar el valor real y la contribución única que estos profesionales aportan al mercado laboral y desmantelar los prejuicios relacionados con la edad, que a menudo se utilizan para justificar su menor índice de contratación. Defender a los trabajadores *senior* implica reconocer su potencial insustituible y la diversidad de perspectivas que pueden ofrecer en un mundo laboral que necesita evolucionar rápidamente.

Cuando hablo como *headhunter* con mis clientes para definir el perfil de un nuevo candidato que se va a incorporar a una organización, si aflora el tema de la discriminación por la edad, frecuentemente tropiezo con las mismas y manidas objeciones. Te invito a que las valoremos juntos y a que, llegado el momento, hagas tuyo el argumento que yo emplearía para desactivarlas:

Objeción 1. «Los *seniors* son más caros»

La creencia común de que los profesionales *senior* son más caros es síntoma de una visión cortoplacista que no tiene en cuenta el valor integral que estos profesionales aportan a una organización. Si bien es cierto que sus salarios pueden ser más altos en comparación con los de empleados más jóvenes, este es un reflejo directo de su experiencia, sus conocimientos y sus habilidades acumulados a lo largo de los años.

La inversión en talento *senior* no debe verse simplemente como un gasto, sino como una inversión estratégica. La experiencia que traen consigo no tiene precio, especialmente cuando se considera el coste de los errores que pueden prevenir, y que suelen cometer los empleados menos experimentados. Estos traspiés, a menudo subestimados, pueden tener consecuencias financieras significativas, desde pérdidas directas hasta el impacto negativo en la reputación de la empresa, lo cual es mucho más costoso a largo plazo.

Además, la sabiduría y la perspectiva que aportan un profesional *senior* son elementos que no se pueden adquirir de la noche a la mañana. Estos profesionales han navegado por múltiples ciclos económicos, han gestionado crisis y han liderado equipos a través de cambios organizacionales complejos. Su capacidad para tomar decisiones informadas y mentorizar a empleados más jóvenes son activos incalculables que fortalecen la resiliencia y la capacidad estratégica de una empresa.

La visión a largo plazo, la gestión del riesgo y la habilidad para tomar decisiones estratégicas no son solo el resultado de la formación académica, sino de años de experiencia práctica y aprendizaje continuo. Por tanto, desestimar el valor de los profesionales *senior* basándose únicamente en los costes de contratación es ignorar el vasto potencial de crecimiento y estabilidad que aportan a cualquier organización.

Finalmente, es fundamental redefinir nuestra comprensión del coste-efectividad. En lugar de ver los salarios como el único indicador de coste, deberíamos considerar el retorno sobre la inversión, incluyendo la optimización de procesos a través de un conocimiento profundo del sector y la capacidad para innovar basándose en la experiencia y la permanente actualización. Así, la eficiencia, la reducción de errores, la capacidad de liderazgo y la visión estratégica son solo algunas de las áreas en las que los profesionales *senior* superan a sus contrapartes menos experimentadas y justifican con creces la inversión en su talento. En conclusión, es hora de que las organizaciones reconozcan que la experiencia y la sabiduría de los profesionales *senior* son activos de un valor incalculable y fundamentales para el éxito y la sostenibilidad a largo plazo.

Objeción 2. «Carecen de habilidades tecnológicas»

La afirmación de que los profesionales *senior* carecen de habilidades tecnológicas es un estereotipo obsoleto que no solo subestima su capacidad de adaptación; sobre todo, ignora la realidad del mercado laboral actual. La innovación y la destreza tecnológica no están limitadas por la edad. De hecho, muchos profesionales *senior* han demostrado una notable capacidad para aprender y manejar herramientas tecnológicas avanzadas, incluyendo la inteligencia artificial y plataformas digitales complejas.

Esta habilidad para adaptarse no se deriva necesariamente de una predisposición natural hacia la tecnología, sino de una mentalidad abierta y un enfoque proactivo hacia el aprendizaje continuo. Contrariamente a la creencia popular, la edad no es un factor determinante en la capacidad para adquirir nuevas habilidades; lo que realmente cuenta es la voluntad de permanecer activo y actualizado en un entorno laboral dinámico y retador.

Además, cuestionar las habilidades tecnológicas obvia la experiencia que pueden aplicar al integrar nuevas herramientas en contextos complejos. A menudo, tienen una comprensión más profunda de las necesidades del negocio y pueden ver cómo la tecnología puede servir como un facilitador para resolver problemas específicos, mejorar procesos y aumentar la eficiencia con nuevos modelos de negocio digitales. Esta perspectiva les permite no solo aplicar los beneficios de las nuevas tecnologías, sino también liderar su implementación de manera estratégica y pragmática.

La experiencia les ha enseñado a ser críticos con las modas pasajeras y a adoptar tecnologías con un enfoque más práctico, evaluando su aplicabilidad y potencial retorno. Por tanto, los profesionales *senior* aportan un equilibrio crucial entre la experiencia operativa y la innovación tecnológica, haciendo de su aparente falta de habilidades tecnológicas una fortaleza extraordinaria.

El aprendizaje y la adaptación son impulsados por la mentalidad, no por la edad. La realidad es que muchos profesionales *senior* están liderando el camino en la adopción y el uso de tecnologías emergentes. Su éxito radica en una mentalidad de crecimiento que valora la curiosidad, el aprendizaje continuo y la adaptabilidad. Al fomentar un entorno donde el aprendizaje es valorado y apoyado, las organizaciones pueden maximizar el potencial de todos sus empleados, independientemente de su generación.

En lugar de asumir limitaciones basadas en la edad, deberíamos centrarnos en crear oportunidades para el desarrollo profesional continuo, demostrando que, cuando se trata de innovación y tecnología, la capacidad de los profesionales *senior* para adaptarse y sobresalir es realmente la clave.

Objeción 3. «Son demasiado exigentes»

Este es otro estereotipo bastante frecuente: la presunción de que los profesionales *senior* son excesivamente *exigentes*. Este adjetivo, a menudo tratado como un inconveniente, es precisamente indicativo de su claridad de enfoque. Los profesionales con años de experiencia a menudo no están dispuestos a perder el tiempo en proyectos sin dirección o en tareas que no se alinean con los objetivos estratégicos de la empresa.

Su aparente nivel de exigencia deriva de un profundo entendimiento de sus propias capacidades y de cómo estas pueden ser mejor aplicadas para lograr resultados significativos. Lejos de ser un rasgo negativo, esta claridad puede ser un activo extraordinario para cualquier organización, ya que asegura que los esfuerzos se centran en lo que realmente importa, optimizando recursos y tiempo.

Además, la experiencia ha enseñado a los profesionales *senior* lo que funciona y lo que no, permitiéndoles evitar errores comunes y enfocarse en estrategias probadas que conducen al éxito. Esta habilidad para identificar el camino más eficiente hacia un objetivo no solo es valiosa; es esencial en el entorno empresarial actual, donde la agilidad y la capacidad de adaptarse rápidamente a los cambios son críticas.

En lugar de considerar sus expectativas como una demanda excesiva, los empleadores deberían verlas como una guía hacia la eficiencia y la efectividad. La precisión en la definición de metas y la determinación para alcanzarlas son cualidades que los profesionales *senior* traen consigo fruto de muchas batallas vividas y favorece el impulso de los equipos a alcanzar niveles de rendimiento que quizás no se lograrían de otra manera.

Por último, la exigencia de los profesionales *senior* refleja su compromiso con la excelencia y el logro de resultados de alta calidad. No se conforman con mediocridades, no porque sean inflexibles, sino porque comprenden el valor de su tiempo y sus habilidades. Este enfoque orientado a objetivos y la insistencia en estándares elevados pueden inspirar y elevar a todo el equipo, fomentando una cultura de responsabilidad, aprendizaje y mejora continua.

En lugar de rehuir la experiencia y las altas expectativas que traen los profesionales *senior*, las organizaciones deberían abrazarlas como una oportunidad para mejorar sus prácticas, productos y servicios. Al final, lo que estos profesionales exigen no es más que lo que cualquier empresa que aspire a la excelencia debería esforzarse por alcanzar.

Objeción 4. «No tienen tanta energía y son menos productivos»

Esta creencia es otro mito que merece ser desmontado. A menudo, lo que se interpreta como falta de energía es, en realidad, una manifestación de su cansancio ante los estereotipos y prejuicios que se encuentran en los procesos de transición laboral.

Su ética de trabajo, responsabilidad y compromiso son inquebrantables, características que, en muchas ocasiones, superan la ambición demostrada por generaciones más jóvenes.

Además, la percepción de que los profesionales *senior* presentan un cansancio físico que merma su productividad es una simplificación que ignora cómo las personas de más de cincuenta años cuidan de su salud y bienestar en la actualidad. En la sociedad moderna, la conciencia sobre la importancia de mantener un estilo de vida saludable, con una nutrición adecuada, ejercicio regular y chequeos médicos frecuentes, ha permitido a muchos *seniors* mantener un nivel de energía y vitalidad comparable, y en ocasiones superior, al de las generaciones más jóvenes.

Esta atención al bienestar físico y mental se traduce en una capacidad productiva que frecuentemente excede las expectativas y rompe estos estereotipos. Los *seniors*, gracias a sus años de vida, han perfeccionado el arte de la eficiencia: saben cómo maximizar sus períodos de mayor energía, cómo conciliar, cómo gestionar su tiempo de manera efectiva y cómo aplicar conocimientos para resolver problemas de forma más ágil y con menos errores que sus contrapartes más jóvenes.

Esta capacidad para mantenerse productivos, pese a los desafíos físicos que puedan surgir con la edad, se complementa con su habilidad para adaptarse y aprender. Su experiencia les otorga una perspectiva única para evaluar cuándo es necesario esforzarse más y cuándo es más inteligente trabajar de otra manera. En comparación, los talentos más jóvenes pueden poseer más energía física, pero a menudo carecen de la sabiduría para canalizarla de manera eficiente. Así, mientras que la juventud se asocia comúnmente a la energía, son los profesionales *senior* quienes, a través de un enfoque equilibrado hacia la salud y la productividad, demuestran que la sabiduría es una combinación de bienestar físico, experiencia acumulada y juicio maduro.

A lo largo de este capítulo, hemos desmantelado varios mitos y prejuicios que rodean al talento *senior* en el mercado laboral, desde la cuestión de los costes asociados a su contratación, pasando por supuestas carencias en habilidades tecnológicas, hasta la percepción errónea sobre su exigencia y energía. También hemos visto cómo estos profesionales aportan un valor inestimable a cualquier organización. Hemos aprendido que, lejos de ser una carga, los profesionales *senior* son en realidad un recurso preciado, capaz de impulsar la innovación, guiar con generosidad a las generaciones más jóvenes y contribuir significativamente a la resiliencia y el éxito empresarial.

Sin embargo, a pesar de todas estas cualidades, el talento *senior* se enfrenta a desafíos únicos, especialmente durante los procesos de transición y búsqueda de nuevo empleo, esto es una realidad. Por ello, es momento de afinar estrategias, pulir habilidades y presentarse al mercado, no solo como un candidato con experiencia, sino como una verdadera edición limitada y singular. Porque, al final del día, el objetivo no es solo encontrar un nuevo empleo, sino hallar el puesto adecuado, para ayudar, aportar y continuar creciendo.

Errores que te alejan del objetivo

———

Una vez que ya hemos explorado los argumentos que nos sirven para derribar todas esas objeciones tan comunes como injustificadas relacionadas con la contratación del talento *senior*, exploremos juntos los diez errores críticos que los profesionales de más de cincuenta deben aprender a gestionar para asegurar el éxito en la reinserción laboral.

Dichos errores van desde la incapacidad de promocionar adecuadamente sus años de experiencia como su principal activo hasta descuidar el desarrollo de su marca personal o fallar en mantenerse al día con las últimas tendencias de su sector.

La comprensión de los siguientes argumentos para conseguir eludir estos errores determinará la capacidad para navegar con éxito hacia una nueva oportunidad profesional en el competitivo mercado laboral actual.

Error 1: Creer que podrás conseguir empleo sin ninguna ayuda

Surge de pensar que eres autosuficiente, que tienes una buena red de contactos, una marca reputacional consolidada, y que no te hace falta acompañamiento; que en realidad «eso es para otros, pero que tú no lo necesitas».

Permíteme que te cuente por qué creo que eso es un craso error y que te ponga un ejemplo sirviéndome de dos conocidas películas:

- En primer lugar, están los *senior* Titanic. ¿Recuerdas una escena de la película en la que el barco se está hundiendo, la gente sigue bailando en el salón, pidiendo champán, y la orquesta no para de tocar como si allí no pasara nada? Pues a veces el barco (tu trabajo) se está hundiendo y lo que hacemos es esconder la cabeza, cual avestruz tratando de hacer como si no pasara nada, negando la evidente realidad. Y, para cuando quieres subir a cubierta y tratar de ponerte a salvo, resulta que ya no quedan botes salvavidas en los que puedas librarte del naufragio.

- Y después tenemos a los *senior* Matrix, a quienes les ocurre como en esa maravillosa película de desarrollo personal cuya secuencia más mítica es aquella en la que al protagonista, Neo, le dan a elegir entre una pastilla azul y otra roja. Yo te digo lo mismo que Morpheo: pasados los cincuenta hay un momento de tu vida en el que debes decidir qué pastilla escoges. Si quieres seguir trabajando en más de lo mismo (cada vez con menos prestaciones y mayor riesgo) o prefieres hacer un cambio que te permita tomar el control de tu trabajo y de tu vida (reinventándote y reforzando tu marca personal para no depender de la de un tercero).

A lo largo de mi experiencia acompañando las trayectorias profesionales de cientos de candidatos, en su mayoría directivos exitosos en empresas multinacionales, he comprendido una verdad fundamental: no hay desarrollo profesional sin desarrollo personal. Contar con una amplia educación en diversas disciplinas, poseer múltiples másteres y certificaciones y dominar varios idiomas, entre otros logros, podría parecer suficiente.

No obstante, en ausencia de una dirección clara, sin un propósito bien definido para cada etapa de tu carrera y un conocimiento profundo de las exigencias del mercado laboral, avanzar hacia una vida profesional exitosa y próspera se convierte en un desafío significativo. Para llegar a triunfar, es imprescindible no solo participar en el juego, sino también dominar sus reglas.

Durante las entrevistas con candidatos, enseguida se hace evidente quiénes han realizado un trabajo previo de definición de sus carreras con un *coach*. Esto se manifiesta en la seguridad y claridad con la que se expresan, atributos que invariablemente generan una percepción de autoridad y confianza en el entrevistador.

Sin embargo, es vital entender que los logros pasados no garantizan el éxito de los futuros. La autenticidad y la objetividad son esenciales; es necesario adoptar una postura honesta y crítica hacia uno mismo. Reflexionar sobre tus capacidades reales, es un ejercicio fundamental para continuar avanzando en tu desarrollo profesional.

Este es el orden correcto para alcanzar tus deseos. Ahora te propongo que repasemos lo que hemos explorado en los capítulos anteriores del libro:

- Paso 1. Revisa tus creencias. Primero necesitas poner a prueba los pensamientos de tu mente: lo que te cuentas sobre ti, sobre tu situación actual, sobre el entorno, sobre las posibilidades, etc. Estate atento y caza ese discurso interior que crea sentencias lapidarias y, sobre todo, elige bien las que te vas a comprar.

- Paso 2. Siente las emociones. Si prestas atención, observarás que esos pensamientos generan emociones que te impulsan a actuar de una manera específica: alegría, tristeza, rabia, frustración, esperanza, etc. Cada emoción desencadena una reacción distinta que influye en tus comportamientos.

- Paso 3. Provoca las acciones. Lo que decidas hacer dará lugar a hábitos que se instalarán en tu vida, repitiéndose como los patrones de un software programado. Solo te queda elegir aquellos hábitos que te conducirán al resultado deseado y contar con la disciplina necesaria para sostenerlos. Mantén el foco y persiste con resiliencia.

- Paso 4. Logra los resultados. Por ejemplo, al dar prioridad al contacto con tu red, lograrás un *networking* real y efectivo. De igual manera, publicar regularmente en LinkedIn potenciará el reconocimiento de tu marca personal. Establece, en función de tus objetivos, la secuencia adecuada de pasos que debes seguir y verás que el éxito llegará como una consecuencia natural.

Por tanto, al volver a los fundamentos y entender que nuestras creencias determinan los resultados que obtenemos en la vida, nos hacemos conscientes de la importancia de alterar aquellas que nos limitan. Al modificar esas creencias, en un efecto dominó, los resultados que logramos cambiarán de manera radical.

Para poder llegar a donde quieres, necesitas detenerte y entender quién eres, necesitas revisar tu pasado para hacer aflorar tus habilidades y tus logros; necesitas revisar tus valores y, por supuesto, detectar cuáles son esas creencias que actúan como *stoppers*, impidiéndote alcanzar tus objetivos. Quien no revisa todo eso está condenado a repetir los mismos patrones que le trajeron hasta aquí. Tan importante como revisar el pasado es asumir y agradecer los aprendizajes que nos ha tocado vivir y, desde ahí, procurar desconectar el piloto automático. Porque vivir en piloto automático no es vivir, ¡simplemente es sobrevivir!

Cuando miramos hacia dentro y somos honestos con nosotros mismos, nuestra vida experimenta un cambio trascendental. Es a esto es a lo que te invito: a evitar el error de no invertir en ti mismo y en tu autoconocimiento. No te convenzas de que «ya conoces el mercado y que con tus propios medios y contactos podrás recolocarte». Este enfoque es limitado y poco realista. Te mereces la oportunidad de cuestionarte si repetir lo mismo está alineado con tu propósito actual y, aún más importante, si será sostenible a largo plazo.

Lo que quiero transmitirte es que reflexiones sobre cuán prudente es continuar avanzando solo confiando en que alcanzar tus metas sin asistencia. Basándome en mi experiencia y en la de decenas de clientes, debo decirte que, en la mayoría de las ocasiones, esa teoría simplemente no es cierta.

Recuerda que todos los resultados que obtenemos son consecuencia de nuestra manera de pensar. Ver los acontecimientos desde una perspectiva de aprendizaje puede cambiarlo todo.

Error 2: Ignorar la correlación entre el autocuidado de la salud y la búsqueda de empleo

En mi experiencia acompañando a profesionales durante sus transiciones laborales, he notado una correlación directamente proporcional entre el autocuidado integral y la capacidad de atraer nuevas oportunidades de empleo. Este vínculo, si bien puede parecer poco evidente a primera vista, resulta crucial para potenciar tanto la preparación como la resiliencia de los candidatos a lo largo de su estresante proceso de búsqueda.

La base del error radica en no ser consciente de la importancia de cuidar todas las dimensiones de la salud: física, mental, emocional y espiritual. El bienestar físico, logrado a través de una alimentación balanceada, ejercicio regular, hábitos saludables y un descanso adecuado, no solo mejora la apariencia externa del candidato, sino que también eleva su estado de ánimo y le dota de la energía necesaria para enfrentarse a nuevos retos. Este aspecto es particularmente relevante en procesos de transición, que pueden ser extensos, en particular en el caso del talento *senior*, donde el estrés y la fatiga pueden mermar significativamente la capacidad de interacción.

Un candidato que no se alimenta correctamente o que no descansa lo suficiente puede encontrarse con problemas para mantener la concentración, parecerá menos enérgico en las entrevistas y podría posponer interacciones importantes con su red profesional. Cualquiera de estas acciones reduciría drásticamente sus oportunidades de éxito. Incorporar actividades de bajo impacto y conectar con la naturaleza, a través de prácticas como la meditación o paseos al aire libre, no solo beneficia la salud física, sino que también revitaliza el espíritu y permite que quienes les rodean perciban sensaciones positivas en su presencia

Por otro lado, la salud mental y emocional desempeñan un papel crucial. La habilidad para gestionar los pensamientos y emociones, manteniendo una actitud positiva y un enfoque claro, es esencial en el complejo proceso de encontrar un nuevo empleo. La inteligencia emocional, que permite reconocer y manejar las emociones propias y las de los demás, se convierte en una herramienta inestimable.

Estrategias como la escritura reflexiva y el cultivo de una actitud abierta para compartir experiencias y recibir consejos fortalecen la resiliencia y te preparan para afrontar con mayor firmeza los desafíos del camino. La falta de un adecuado manejo emocional puede conducir a patrones negativos que no solo dañan la autoestima, sino que también disminuyen la productividad en el proceso.

Por tanto, el éxito en la búsqueda de empleo va más allá de preparar un CV atractivo o practicar técnicas de entrevista; requiere un enfoque holístico que integre el bienestar en todas sus dimensiones: física, mental, emocional y espiritual. Un proceso de búsqueda consciente y enfocado, que toma decisiones alineadas con los valores y deseos más profundos en cada individuo, te posiciona en una clara ventaja.

Como *coach* de orientación profesional, mi recomendación es enfocarse en alinear las cuatro dimensiones de la salud para cultivar un estado de bienestar integral. Este bienestar, no solo favorecerá tu trayectoria hacia el éxito laboral, sino que, mantenido a largo plazo, contribuirá significativamente a tu felicidad y plenitud general.

Error 3: Lanzarse a buscar sin tener un destino ni estrategia definidos

En el incierto panorama de la recolocación en el mercado laboral actual, muchos profesionales *senior*, al encontrarse en la situación de tener que buscar un nuevo empleo, incurren en el precipitado impulso de comunicar su disponibilidad a la red de contactos sin haber realizado previamente una introspección crítica y efectiva sobre cuál debería ser su próximo objetivo profesional. Este enfoque, aunque puede parecer comprensible dada su situación, conlleva dos problemas fundamentales que pueden obstaculizar significativamente la efectividad del proceso de transición:

- La falta de una dirección clara. Sin un objetivo profesional definido, la búsqueda se convierte en un proceso disperso y sin foco, dificultando la identificación de oportunidades que verdaderamente se alineen con las aspiraciones y competencias del candidato. Esta indeterminación no solo reduce la eficiencia de la búsqueda; sobre todo, puede conducir, como comentamos antes, a la aceptación de posiciones que no ofrecen verdadero crecimiento o satisfacción a medio plazo.

- La falta de claridad en la comunicación del nuevo objetivo. En un mercado laboral saturado, la claridad y la precisión en la comunicación de los objetivos que el candidato quiere alcanzar y lo que aporta para una nueva organización son mensajes esenciales para captar la atención de potenciales empleadores o de aquellos en posición de recomendarlo. La ausencia de esta claridad no solo reduce las oportunidades de ser considerado para roles relevantes; también puede afectar a la percepción de su perfil y disminuir la efectividad en las interacciones con su red. Y ya sabemos que no existe una segunda oportunidad de causar una primera impresión inmejorable.

En esta huida hacia adelante, cuando no se ha realizado una reflexión previa, hemos observado que los profesionales tienden a limitar su búsqueda a roles similares a los que desempeñaban anteriormente, perdiendo así la oportunidad de explorar nuevas opciones que podrían resultar más enriquecedoras, innovadoras o alineadas con las tendencias actuales del mercado laboral. La apertura a considerar alternativas diversas puede descubrir trayectorias profesionales con un mayor potencial para el desarrollo y la satisfacción personal y profesional, tal como se ha demostrado en algunas de las historias presentadas en este libro.

Desde la perspectiva de un experto en orientación de carreras, es esencial destacar la importancia de dedicar tiempo significativo para reflexionar y analizar el propio recorrido profesional y personal antes de embarcarse en la búsqueda de un nuevo empleo. Este proceso de introspección y autoconocimiento no solo permite identificar logros y habilidades adquiridos a lo largo del tiempo, sino también descubrir los valores, intereses y motivaciones que deben orientar la selección de futuras oportunidades. Al realizar este análisis detallado, el profesional puede elaborar una narrativa coherente y atractiva que resalte su singularidad en el mercado, incrementando así sus posibilidades de encontrar un rol que satisfaga sus necesidades actuales y proporcione oportunidades para su crecimiento y realización a medio-largo plazo.

En resumen, antes de iniciar la búsqueda de empleo, es crucial que los profesionales *senior* dediquen tiempo a un proceso de autoanálisis que les permita definir con claridad sus objetivos para la próxima etapa profesional. Este paso, lejos de representar un retraso, es una inversión estratégica que fundamenta una búsqueda de empleo más enfocada, efectiva y, en última instancia, más exitosa.

Error 4: Sobrevalorar la experiencia y subestimar la formación continua

La innovación tecnológica y la continua evolución de los modelos de negocio plantean un desafío significativo para los profesionales en todas las etapas de su carrera. Sin embargo, existe una tendencia preocupante entre algunos profesionales *senior* que, confiando demasiado en su experiencia acumulada, subestiman la importancia de la formación continua. Esta actitud puede conducir al estancamiento profesional y a la pérdida de relevancia en su campo de especialización, limitando así sus oportunidades de crecimiento y desarrollo en un mundo laboral exigente. Uno de los errores que me encuentro con demasiada frecuencia es que el candidato, confiado por su extensa experiencia, ha descuidado durante los últimos años invertir parte de su tiempo en actualizarse y recibir una formación que le permita estar al día. Este enfoque responde a una visión limitada de su propio desarrollo profesional, ya que el aprendizaje continuo es un pilar esencial para mantener la competitividad y la relevancia en cualquier industria, más aún en momentos en los que la transformación digital y la inteligencia artificial están alterando la concepción que teníamos de cualquier negocio o sector de actividad.

Y, cuando profundizamos en los motivos de ese descuido, el común denominador suele ser la falta de tiempo. La inversión en formación puede parecer una carga adicional en términos de dedicación, especialmente para aquellos que necesitan conciliar compromisos profesionales y familiares; no obstante, los formatos de formación *online* ofrecen soluciones adaptativas que permiten el desarrollo personalizado y al propio ritmo de cada uno, demostrando que el tiempo invertido en formación no solo es valioso en sí mismo, sino que además es una inversión que va a permitir al candidato posicionarse mucho mejor en futuras circunstancias.

Aprender nuevas habilidades o sumergirse en tendencias emergentes demuestra una capacidad invaluable para adaptarse y superar obstáculos, cualidades altamente valoradas en el mercado laboral actual, además adquirir nuevos conocimientos refuerza la autoconfianza. La proliferación de plataformas de aprendizaje digital ha democratizado el acceso a la educación, ofreciendo una amplia gama de recursos, muchos de ellos gratuitos o de bajo coste. Esta accesibilidad elimina las barreras tradicionales para la actualización profesional y pone al alcance de todos, herramientas valiosas para el crecimiento. Adaptarse al cambio es una competencia fundamental en la actualidad. La formación continua, además de facilitar esta adaptabilidad, también puede reavivar la pasión y el interés por la propia carrera, alineando las aspiraciones personales con las demandas del mercado.

Invertir en desarrollo profesional no solo abre puertas a nuevas oportunidades laborales, aumentando el valor de mercado del profesional, sino que también promueve una mayor estabilidad y potencial de ingresos, contrarrestando cualquier preocupación inicial sobre el coste y la rentabilidad de dicha inversión. Además, el proceso de aprender y dominar nuevas competencias es un poderoso estimulante para la autoestima, demostrando la capacidad de crecimiento y la aptitud para asumir nuevos desafíos.

Por tanto, la necesidad de actualización constante y de aprendizaje continuo, trasciende la mera acumulación de nuevos conocimientos técnicos; se trata de una reafirmación de su relevancia profesional en un entorno que premia la versatilidad, la adaptabilidad y la innovación. Para el profesional *senior*, distanciarse de la concepción errónea de que la experiencia previa es suficiente para garantizar el éxito futuro es fundamental.

Reconocer la formación continua como un componente esencial de su desarrollo profesional, no solo cuando se halle en un proceso de búsqueda de empleo, sino previamente mientras está en el ejercicio de su actividad profesional, ampliará sus horizontes laborales y enriquecerá su crecimiento y su valor profesional.

Error 5: Sobreactuar en las entrevistas de trabajo

En el contexto de una entrevista de trabajo, la actitud y el enfoque adoptados por un candidato pueden influir significativamente en cómo los potenciales empleadores perciben su adecuación al puesto y la organización. Por eso, aunque puede ser tentador asumir un rol protagonista para resaltar competencias, liderazgo y autoridad, este enfoque a veces puede ser contraproducente. Las entrevistas están cuidadosamente diseñadas para permitir a los empleadores evaluar no solo las habilidades técnicas y la experiencia profesional del candidato, sino también su capacidad para integrarse en la cultura corporativa y contribuir positivamente a la dinámica de equipo. La esencia de una entrevista de trabajo exitosa radica en la capacidad del candidato para equilibrar la demostración de su competencia y liderazgo con la habilidad de integrarse y colaborar dentro de un equipo. Adoptar una postura demasiado dominante o intentar controlar la dirección de la conversación puede ser interpretado como una señal de que el candidato podría enfrentarse a dificultades para trabajar en equipo o para aceptar y valorar las contribuciones de otros. Esto es particularmente relevante en entornos laborales que valoran la colaboración, la flexibilidad y la capacidad de adaptación.

En lugar de intentar liderar la conversación, los candidatos deben enfocarse en demostrar liderazgo a través de la confianza y la seguridad en sus respuestas, la capacidad para escuchar activamente y la habilidad para responder de manera reflexiva y considerada. Estos comportamientos no solo muestran respeto por el proceso de entrevista y por los entrevistadores, sino que también evidencian las cualidades de un líder efectivo: alguien que puede guiar e inspirar a otros sin necesidad de imponer su voluntad.

Existen ciertas recomendaciones que aconsejo tener en cuenta para no malograr el éxito en una entrevista:

- **Escuchar activamente.** Presta atención a las preguntas y a los comentarios de los entrevistadores. Esto demuestra respeto y consideración y permite proporcionar respuestas más precisas y significativas.

- **Mostrar empatía y adaptabilidad.** Alinea las respuestas y los ejemplos con los valores y la cultura de la empresa. Esto indica que has investigado sobre la organización y que estás genuinamente interesado en formar parte de ella.

- **Participar en la conversación sin dominarla.** Comparte las experiencias y perspectivas sin acaparar la conversación. Esto muestra que eres capaz de contribuir valiosamente mientras mantienes una dinámica de equipo saludable.

- **Demostrar confianza, no arrogancia.** La confianza en tus habilidades y experiencias es crucial, pero debe equilibrarse con la humildad y la apertura para aprender y crecer dentro de la empresa.

- **Plantear preguntas reflexivas.** Hacer preguntas pertinentes al final de la entrevista demuestra interés en el puesto y en la empresa, así como tu capacidad para pensar, desde la experiencia, sobre cómo puedes contribuir al éxito de la organización.

Al final, el objetivo de cada candidato debe ser demostrar que es un líder adaptable y respetuoso, alguien que puede añadir valor a la organización no solo a través de sus habilidades y experiencias, sino también mediante su capacidad para integrarse armoniosamente en los equipos existentes, respetando la cultura y las dinámicas de la empresa. Adoptar esta actitud no solo incrementará tus posibilidades de éxito en la entrevista, sino que te preparará para contribuir positivamente en cualquier entorno profesional al que te unas.

Error 6: Esperar que tu red de contactos resuelva tu búsqueda de empleo

Comprender la naturaleza y los límites de nuestra red de contactos es crucial en el proceso de búsqueda de empleo. Muchos candidatos cometen el error de suponer que sus contactos están obligados a involucrarse activamente en su búsqueda de trabajo, una expectativa que no solo es poco realista, sino también contraproducente. Este enfoque puede generar frustración y desilusión en el candidato, especialmente cuando las respuestas no están a la altura de sus expectativas. La decepción surge no por la falta de apoyo, sino por una errónea percepción de cómo funcionan las dinámicas dentro de la red de contactos.

Indudablemente, la red de contactos es un activo de valor incalculable en la búsqueda de nuevas oportunidades laborales. Sin embargo, es esencial recordar que esta red está formada por individuos con sus propios compromisos, prioridades y limitaciones. Suponer que estos contactos deben desempeñar un papel central en nuestra búsqueda de trabajo ignora la naturaleza voluntaria y recíproca de estas relaciones. Esperar una implicación activa puede, de hecho, deteriorar las relaciones cuidadosamente cultivadas a lo largo del tiempo, dejando al candidato no solo sin el apoyo esperado, sino también con relaciones dañadas.

Para evitar caer en esta trampa, es fundamental adoptar una postura de empatía y colaboración. Reconocer y agradecer cualquier forma de ayuda, sin importar cuán pequeña sea, puede fortalecer los lazos con nuestra red. Es crucial comunicar nuestros objetivos y necesidades de manera clara, al tiempo que mostramos disposición a ofrecer algo a cambio, manteniendo así el espíritu de reciprocidad. Por ejemplo, compartir información relevante u ofrecer nuestro apoyo en sus proyectos personales puede mantener viva la llama del interés y la colaboración. Esta actitud no solo preserva las relaciones existentes; también potencia la posibilidad de recibir un apoyo genuino y efectivo.

Un ejemplo ilustrativo de esta dinámica, que me viene a la memoria, es el de un candidato que, tras ser despedido, se lanzó la primera semana de lleno a contactar con toda su red de contactos con la expectativa de que le conseguirían entrevistas de trabajo de inmediato, sin tan siquiera tener claro cuál sería su siguiente objetivo profesional. Al no ver cumplidas sus expectativas, vino a contarme su profunda decepción, sin darse cuenta de que su enfoque demandante y poco realista había sido el causante real de su frustración.

En contraste, un enfoque más equilibrado sería el de un candidato que, consciente de la naturaleza de su red y con un rol claro en mente, se esforzara por mantener conversaciones abiertas y bidireccionales, ofreciendo su ayuda y manteniendo una actitud agradecida, lo cual con mucha probabilidad puede llegar a dar como resultado recomendaciones genuinas y oportunidades más concretas.

En conclusión, la gestión de la red de contactos debe basarse en el respeto mutuo, la empatía y la colaboración. Mantener una perspectiva realista y un espíritu de reciprocidad, además de evitar desilusiones innecesarias, reforzará las relaciones profesionales, convirtiéndolas en un pilar sólido y confiable en la búsqueda de empleo y más allá.

Error 7: Creer que solo encontrarás trabajo en plataformas de ofertas de empleo

La búsqueda de empleo en la era digital ha transformado radicalmente las estrategias que los candidatos deben emplear para encontrar nuevas oportunidades laborales. Las redes sociales se han convertido en una herramienta prevalente para este fin, ofreciendo distintas plataformas donde las ofertas de trabajo son compartidas y los candidatos aplican y se significan mostrando su interés. Sin embargo, para el talento *senior*, confiar en encontrar empleo a través de una oferta publicada en LinkedIn, por ejemplo, puede ser un reto particularmente desafiante y, a menudo, muy poco realista. Vamos a analizar los motivos para defender esta teoría:

- Primero, la competencia por las ofertas de empleo publicadas en redes sociales es intensa y abrumadora. Cuando una posición se anuncia públicamente, atrae a un gran número de solicitantes, incluyendo a muchos candidatos jóvenes que están muy activos en estas plataformas. Para el talento *senior*, esto significa que su aplicación puede ser una entre cientos, lo que reduce significativamente las probabilidades de destacar, incluso si su experiencia y sus habilidades superan con creces las de otros candidatos.

- Además, las ofertas de trabajo publicadas representan solo un pequeño porcentaje de la demanda real del mercado. Muchas posiciones, especialmente las de nivel ejecutivo o de alta responsabilidad, se cubren mediante procesos de búsqueda directa o referencias internas y raramente aparecen en plataformas abiertas. El talento *senior*, cuya experiencia es ideal para estos roles, encontrará más oportunidades reales a través de *headhunters* y, sobre todo, mediante su red de contactos, quienes actúan como embajadores y refuerzan la candidatura con sus referencias.

- Otro aspecto crucial es que las estrategias de reclutamiento que favorecen las aplicaciones a través de redes sociales pueden estar sesgadas hacia candidatos que presentan habilidades más digitales o en tendencia, en detrimento de la experiencia y la madurez profesional. Para los profesionales *senior*, esto puede significar que sus valiosos años de experiencia y su conocimiento profundo de la industria sean subestimados o pasados por alto en favor de candidatos más jóvenes, que quizás dominen las últimas herramientas digitales, pero carezcan de una comprensión integral del negocio.

- También es importante considerar el impacto de los sistemas automáticos de seguimiento de candidatos (ATS), que desempeñan un papel crucial en la selección de personal. Estos sistemas filtran currículums basándose en palabras clave y criterios específicos, lo cual puede beneficiar a candidatos más jóvenes familiarizados con el SEO y el marketing digital, que saben cómo optimizar los CV para ser detectados por estos sistemas. Por otro lado, los talentos *senior* suelen estar penalizados, por los ATS, por lo que siempre recomiendo revisar el CV considerando esos criterios y utilizar herramientas de inteligencia artificial para optimizar los CV de acuerdo con las estrategias de reclutamiento digital.

- El proceso de búsqueda de empleo más efectivo para el talento *senior* es aquel que emplea un enfoque de selección más personalizado y estratégico. Construir relaciones significativas, identificar y contactar directamente a los tomadores de decisiones en las organizaciones de interés y utilizar la red de contactos para descubrir oportunidades no publicadas son las tácticas que con seguridad proporcionarán mejores resultados. Además, el talento *senior* puede resaltar con mayor eficacia sus habilidades a través de interacciones directas, demostrando su capacidad de liderazgo, visión estratégica y habilidad para resolver problemas complejos, cualidades extremadamente valiosas pero difíciles de transmitir efectivamente mediante una aplicación *online*.

En conclusión, mientras que las redes sociales son, sin duda, una herramienta útil en la búsqueda de empleo, el talento *senior* debe reconocer sus limitaciones dentro de este contexto y adoptar un enfoque más holístico y personalizado para la búsqueda de trabajo. Esto implica un mayor énfasis en el *networking*, la búsqueda directa y la construcción de una marca personal que resalte su experiencia y sus competencias únicas, garantizando así que puedan captar la atención de los empleadores de manera más efectiva.

Error 8: Redactar un CV excesivamente largo y detallado

Un error común entre candidatos *senior* es elaborar currículums excesivamente largos y densos, intentando mostrar una amplia y extensa experiencia profesional. Aunque la intención es comprensible, el resultado suele ser un documento complicado y tedioso para los reclutadores que rara vez capta el interés o resalta el verdadero valor del candidato. Para evitar esta trampa y asegurar que el CV no solo sea leído, sino que también genere un impacto positivo, recomiendo a los candidatos *senior* adoptar las siguientes estrategias:

- **Enfócate en los logros, no en la duración.** Prioriza la calidad sobre la cantidad. En lugar de listar cada posición ocupada a lo largo de los años, es mejor centrarse en los logros más significativos y relevantes para la posición a la que te postulas. Esto permite crear un documento conciso que resalta tu impacto en roles anteriores, en lugar de presentar un extenso historial laboral.

- **Personaliza tu CV.** Adapta el currículum para cada aplicación, enfocándote en la experiencia y las habilidades más pertinentes para el puesto específico. Esto no solo permite reducir la longitud del documento; sobre todo, afina y pone el foco en lo que busca el empleador.

- **Utiliza resúmenes y encabezados efectivos.** Un buen resumen profesional al inicio de tu CV puede captar la esencia de tu trayectoria y los objetivos de carrera de manera breve. Usa encabezados claros para dividir secciones y facilitar la lectura.

- **Adopta un diseño claro y profesional.** Una imagen limpia y profesional ayuda a que la información importante resalte fácilmente. Utiliza plantillas y viñetas para desglosar logros y mantén un estilo de fuente y tamaño que favorezca la legibilidad.

- **Incorpora palabras clave.** Como vimos antes, debes alinear el CV con el lenguaje de la industria y las palabras clave relevantes para el puesto, lo que ayudará a pasar los filtros de los sistemas de seguimiento de candidatos sin necesidad de extenderse.

- **Demuestra adaptabilidad y aprendizaje continuo.** En lugar de enfatizar los años de experiencia, muestra cómo has evolucionado y te has adaptado a los cambios en tu industria, aprendiendo nuevas habilidades y tecnologías. Esto agregará valor a la percepción de tu perfil.

- **Solicita retroalimentación.** Antes de enviar el CV, pide a un *coach* de orientación de carrera, a un colega de confianza, a un *headhunter* o a algún profesional de recursos humanos que lo revisen con una mirada profesional. Ellos te pueden ofrecer perspectivas valiosas sobre cómo hacerlo más atractivo y efectivo.

Siguiendo estos consejos, los candidatos *senior* pueden crear currículums que no solo reflejen su rica experiencia y sus habilidades, sino que también sean atractivos, fáciles de leer y, lo más importante, efectivos para captar la atención de los reclutadores y destacar en el proceso de selección, sin necesidad de sacrificar contenido relevante.

Error 9: No postularte en empresas sin vacantes visibles

Un error frecuente entre los candidatos en búsqueda de empleo es la creencia de que solo deben dirigirse a empresas que han anunciado vacantes abiertas. Este enfoque reactivo limita significativamente las oportunidades e impide explorar todo el potencial de un mercado laboral amplio y diverso. La clave para una búsqueda de empleo efectiva radica en adoptar una actitud proactiva, especialmente en un entorno laboral competitivo, para multiplicar los impactos.

El primer paso hacia una búsqueda proactiva es crear una lista de empresas objetivo. Esto implica identificar organizaciones dentro de tu sector o incluso explorar nuevas industrias que podrían beneficiarse de tu experiencia y tus habilidades. Los criterios para seleccionar estas empresas deben incluir su relevancia en la industria, su cultura corporativa, su compromiso con la diversidad y la inclusión y su potencial para ofrecer el tipo de rol o proyecto que buscas. Investigar sobre estas empresas te permite entender mejor sus desafíos actuales y proyectos futuros y definir una estrategia que contemple cómo tu experiencia podría agregarles valor.

Una vez que tengas tu lista, te recomiendo utilizar LinkedIn para realizar una investigación exhaustiva que te permita abordar cada situación de manera estratégica en cada caso. Comienza por conectar con personas clave dentro de las empresas objetivo, incluidos los responsables de adquisición de talento, e identifica a empleados actuales que puedan actuar como embajadores para facilitar un contacto inicial menos impersonal. Al establecer una conexión, envía mensajes personalizados expresando tu interés en la empresa y planteando cómo crees que puedes contribuir de manera significativa a sus objetivos basándote en tu investigación previa.

Reforzar la marca personal y tu visibilidad, cuando estás siguiendo esta estrategia, es también muy relevante. Un buen punto de partida es participar activamente en grupos de la industria y contribuir con comentarios y publicaciones que demuestren tu conocimiento y experiencia.

Además, es esencial mantener una mente abierta sobre nuevas industrias o roles que quizás no habías considerado anteriormente. Tu conjunto de habilidades y experiencia pueden ser transferibles y altamente valiosas en contextos que no habías explorado, abriendo así un abanico más amplio de oportunidades.

En resumen, esperar pasivamente a que aparezcan anuncios de trabajo limita tus oportunidades de encontrar empleo. Adoptar una estrategia proactiva, investigar profundamente sobre las empresas objetivo y utilizar plataformas como LinkedIn para establecer conexiones relevantes te colocará en una posición más favorable en el mercado laboral. Esta aproximación ampliará tus posibilidades y reforzará tu imagen de candidato innovador y proactivo, cualidades altamente valoradas por las organizaciones en la actualidad.

Error 10: Pensar que es demasiado tarde para emprender

Creer que es demasiado tarde para emprender es un error común que frena a muchos profesionales *senior* que siempre han trabajado por cuenta ajena. Sin embargo, quiero animarte por lo menos a poner en cuestión esa creencia y considerar qué te podría aportar el emprendimiento como una vía alternativa para reinventarte —y reivindicarte— en esta nueva etapa de tu carrera profesional.

La vida profesional no se detiene a una cierta edad. Más bien se transforma, ofreciendo nuevas oportunidades para aquellos dispuestos a tomarlas. La madurez profesional aporta una perspectiva única y valiosa al mundo del emprendimiento, enriqueciendo tanto a la persona como el mercado con nuevas ideas y soluciones.

Ser el dueño de tu propio emprendimiento te coloca en una posición única para tomar el control de tu destino profesional, una ventaja especialmente significativa para el talento *senior*. Al emprender, transformas años de experiencia, conocimientos especializados y redes de contactos en la base de tu propio negocio, lo que te permite dictar el rumbo de tu carrera con una autonomía sin precedentes.

Emprender te da el poder de controlar
tu destino profesional, convirtiendo tu experiencia
y redes en la base de tu éxito.

Esta capacidad de autodirección no solo te habilita para moldear tu entorno de trabajo conforme a tus valores y aspiraciones, sino que también te brinda la flexibilidad de adaptarte a cambios y tendencias del mercado con agilidad. En lugar de ser un engranaje en la maquinaria corporativa, con limitaciones y dependencias, el emprendimiento te otorga la libertad de innovar, crear valor y establecer un legado que refleje tu visión y esfuerzo. Este camino, aunque viene con sus riesgos y desafíos, ofrece una recompensa incomparable: la posibilidad de construir algo propio, dejando una huella duradera en el mundo empresarial y, lo más importante, en tu propia vida.

Si eres un profesional *senior* considerando el emprendimiento, te animo a dar el paso. Evalúa tus habilidades, tus intereses y la viabilidad de tus ideas. Busca asesoramiento, fórmate en las áreas que lo requieras y, sobre todo, confía en tu capacidad para seguir creciendo y aprendiendo. El emprendimiento en cualquiera de sus formas, incluso como *freelance*, es una aventura que promete no solo crecimiento profesional sino también personal.

Recuerda: la única limitación real es la que nos autoimponemos. El trabajo de consultor independiente, *freelance* o profesional autónomo, como lo quieras llamar, ofrece la flexibilidad de explorar diferentes proyectos e industrias, la oportunidad de trabajar con una variedad de clientes y la posibilidad de construir un portafolio diverso. Además, puede ser un excelente primer paso para testear una idea de negocio o desarrollar una nueva habilidad sin el compromiso de una empresa a tiempo completo.

Como en cualquier iniciativa, emprender también conlleva sus riesgos. La incertidumbre financiera y la carga de trabajo pueden ser desafiantes. Sin embargo, una planificación cuidadosa, el establecimiento de un fondo de emergencia y el desarrollo gradual de tu proyecto pueden ayudar a mitigar estos riesgos. Es importante también mantener una mentalidad abierta al aprendizaje y estar dispuesto a adaptarse y ajustar tu estrategia según sea necesario.

EJERCICIO
Capítulo 9

REFLEXIÓN FINAL

Tu decisión

Llegados a este punto, nos encontramos ante un cruce de caminos similar al que se enfrentó Hércules en la antigüedad, una encrucijada entre *kakia*, el sendero de la comodidad y la facilidad que lleva a la mediocridad, y *areté*, el camino del valor y la excelencia, que exige esfuerzo y superación.

Ahora, con este libro en tus manos, tienes la opción de continuar navegando pasivamente por las corrientes del mercado laboral, aferrándote a la seguridad aparente de tu situación actual, o puedes tomar una decisión audaz: comprometerte con tu futuro, asumir el control de tu trayectoria profesional y personal y explorar nuevas posibilidades.

Optar por la comodidad de lo conocido es tentador; representa la ruta de menor resistencia, el camino de *kakia*, donde las decisiones las toman otros por ti y tu destino queda a merced de las fluctuaciones del mercado y las decisiones corporativas.

Sin embargo, elegir el camino de *areté* significa abrazar la posibilidad de reinventarte, de apostar por ti mismo y por tu capacidad para crear un futuro que refleje tus valores, tus pasiones y tu propósito. Este es el sendero menos transitado, repleto de desafíos, pero también de oportunidades para crecer, aprender y, finalmente, alcanzar una realización profesional y personal que va más allá de lo que cualquier empleo tradicional puede ofrecer.

Al llegar a la etapa *senior* de tu carrera profesional, se presenta la oportunidad de reinventarte y encontrar una actividad que realmente ponga en valor tu sabiduría, prestigio y experiencia.

El emprendimiento representa una formidable expresión de *areté*, una oportunidad para tomar el control de tu destino, innovar y adaptarte. Aunque el camino hacia el emprendimiento conlleve riesgos, el potencial para diseñar una vida de trabajo que sea verdaderamente tuya, que te desafíe, te inspire y te satisfaga, es una recompensa que vale la pena perseguir.

Si de mí dependiese, yo siempre te invitaré a elegir el camino de *areté:* a no conformarte con menos de lo que eres capaz de lograr. Y lo hago con conocimiento de causa, predicando con desde el ejemplo. Lo mismo que aplico en mi vida es lo que deseo para la tuya.

Recuerda que la verdadera disyuntiva en este viaje no radica entre la seguridad y el riesgo, sino entre aceptar pasivamente tu destino y afirmar audazmente tu verdadera esencia.

Y si necesitas a alguien que te acompañe en tu nueva aventura, sea cual sea, sabes que siempre podrás contar conmigo.

«Si no persigues lo que quieres,
nunca lo tendrás.
Si no preguntas, la respuesta
siempre será no.
Si no das un paso adelante,
siempre estarás en el mismo lugar».

—Nora Roberts—